KB191027

translating_the book

τὰ βιβλίον

번역하다_타 비블리온

펴 낸 곳 투나미스

발 행 인 유지훈

지 은 이 김연경(영) 김연경(일) 이준서 김재연 송정화 윤재원 김선우 송영범 유미주 이강선
　　　　　 김형범 서지음 이종욱 현소연 임영웅

프로듀서 류효재 변지원

마 케 팅 전희정 배윤주 고은경

초판발행 2025년 04월 28일

초판인쇄 2025년 04월 15일

주　　　소 수원시 권선구 금곡로196번길 62, 에스제이타워 3층 305호 조인비즈 6호

대표전화 010-4161-8077 | 팩스 031-624-9588

이 메 일 ouilove2@hanmail.net

홈페이지 www.tunamis.co.kr

I S B N 979-11-94005-18-6 (03700) (종이책)

I S B N 979-11-94005-19-3 (05700) (전자책)

* 잘못된 책은 구입처에서 바꿔 드립니다.

* 책값은 뒤표지에 있습니다.

* 이 책은 저작권법에 따라 보호받는 저작물이므로 무단전재와 무단복제를 금지하며, 이 책 내
　용의 전부 또는 일부를 이용하려면 반드시 저작권자의 서면 동의를 받아야 합니다.

번역하다

Translating

τὰ βιβλίον

Contents

추천의 글

COVER STORY

PHILOTRANS

LIFE & WORK

언어를 옮기고 보니 기업과 나라가 발전하고 문화가 다양해지고 종교가 유입되는 등, 많은 것이 달라졌다. 바벨탑 사건 이후, 흩어진 언어들은 다시 연결되기 시작했고 그 중심에는 언제나 번역이 있었다. 소통뿐 아니라 태곳적 문화와 언어가 지금까지 습득되고 있다는 점에서는 시공마저도 번역으로 연결된 듯싶다.

번역가 16인이 한자리에 모여 단행본 『번역하다』를 완성했다. 부제를 보니 '슬기로운 번역 생활을 지향하는 사람들의 이야기'라고 한다. 언어와 분야와 경험이 다르니 서로 들려주고픈 말이 많았으리라 생각한다. 특히 단순 기계 번역에서 문맥을 정확히 이해하는 AI 번역이 등장한 터라 위기의식을 느끼는 현역도 적지 않았을 것이다.

AI 세상이 번역가에게 그리 호락호락하지도 않거니와, 원작이나 원저자의 그림자라는 꼬리표로 주인공이 아닌 '조연'에 머물 수밖에 없는 등, 각자의 이유로 매몰차게 등을 돌린 현실 속에서도 번역가들은 원문과 독자 사이에서 치열하게 고민하며 아등바등 살아간다. 단행본 『번역하다』는 바로 그 번역가들의 일상과 생각과 철학을 담아냈다. 책을 펼쳐보면 번역가들이 느끼는 희로애락과 철학이 자연스럽게 어우러져 한 편의 '작품'처럼 와 닿는다.

『번역하다_타 비블리온』은 현역 번역가들의 현실을 생생하게 조명하며 번역이 단순한 언어의 치환이 아니라 해석과 창조, 그리고 신중한 선택의 연속임을 새삼 일깨워준다. 번역을 업으로 삼은 이들이라면 공감할 수밖에 없는 이야기요, 번역가를 꿈꾸는 이들에게는 귀중한 길잡이가 될 것이다.

임종령

서울외국어대학원대학교
통번역대학원장

COVER
STORY

COVER STORY

겨울여행

" 반복되는 밤을 매일 새로이 맞아 환기할 수
있는 것도 그 때문이라 생각한다. 살아내는 내
내 읽어왔던 책들을 번역한, 한 사람 몫의 번역
을 해냈던 분들처럼 내 번역도 실하게 야물어
읽기 좋은 때가 찾아오기를 소원했다. 스포츠
선수의 '인생 경기'처럼 내게도 '인생 번역'이
농담처럼 남았으면 좋겠다고 제천으로 가는 기
차 안에서 생각했다. 어쩌면 모르는 것과 바라
는 것이 매일 더해져서 번역을 어째서 좋아하는
지 정확히 적을 순간이 없었던 게 아닌지 곰곰
이 되짚는 가운데 제천에 도착했다.

오래전부터 좋아하는 것이 생기면 어딘가 기록했다. 낡은 공책이나 메모지 귀퉁이에 빼곡하게 적힌 기록엔 무언가를 좋아하게 된 이유 외에도 그날 날씨라던가 기분, 해야 할 일 같은 일상이 담겨있어서 기록이라기보단 내킬 때 쓰는 일기에 가까웠다. 그렇게 적은 순간들을 곁에 두고 자주 보다 보면 자연스레 덧정이 붙어 좋아하는 것을 금방 사랑할 수 있었다. 이제는 사라진 어느 브랜드의 과자부터 사강이나 뒤라스 같은 작가들, 프랑스어에 이르기까지 총총히 모인 애정의 역사는 여전히 크고 작은 설렘을 유지한 채 먼지 쌓인 상자 안에서 리듬을 이어나가고 있다.

그러나 왜인지 번역을 시작한 뒤로 좋아하는 것을 적어본 적이 없다. 타국의 언어를 옮겨내는 과정 밖의 일들에 무심하거나 방 안에 고립되고 지쳐 무언가를 좋아할 틈이 없는 것도 아니었다. 다만 뭐라고 할까, 여남은 것을 제쳐두고 먼저 적어내야 할 소중한 것이 남았다는 모호한 심경으로 오랫동안 공책 한구석을 비울 뿐이었다. 그러니 새로 읽거나 들은 것을 좋아하게 되어도 쉽사리 인상을 새겨두기 어려운 것은, 청산해야 할 사랑 하나가 오롯이 남아있기 때문이 아닐까 짐작한다. 아직 기록하지 못한 것, 나는 그것이 번역이라고 생각한다.

잊고 있던 상자를 우연히 열게 된 작년이었다. 예년보다 지난한 겨울을 맞아 갑작스레 여행을 떠나려 짐을 챙기는데, 겨울옷을 꺼내려 헤집은 장롱 구석에 익숙한 상자 하나에 손길이 멈췄다. 어렵지 않은 문서 번역을 맡았지만 일이 겹치고 작업이 더뎌 하루가 무척 길게 느껴지던 시기였다. 겨우 일이 끝나 공부를 시작해도 마음이 뜨고 어지러웠다. 묘한 권태감이 문장 사이를 메우자 밀도 높은 피로가 몰려왔고 더는 앉아있을 이유가 없다고 생각해 시작한 여행이었다. 홀린 듯 다 제쳐두고 상자만 든 채 제천으로 떠났다. 십이월 어느 날 여전히 공책에 번역을 적지 못한 채로.

소설로 인생에 복무한다던 이승우 소설가처럼, 나 역시 책상 앞에서 번역으로 인생에 복무하고 싶다는 조그만 바람을 되새기고 있다. 언제 무엇을 하든 어디서 어떤 자신으로 존재하든, 때를 잊고 자리로 돌아가 작은 나라 둘을 잇는 것으로 생이 두터워질 거라 믿는다. 일어나면 어제 먹다 남아 얼음이 다 녹은 커피를 홀짝이고 재떨이를 갈거나 세수를 하고, 샌드위치를 먹고 피곤하면 체조도 한다. 순서가 뒤바뀌어도 좋다. 어쨌거나 끝에는 오래 사용해 푹신하지 않은 방석과 칠이 벗겨진 나무 책상 앞에 앉게 되는 순리에 따르게 된다. 사소한 루틴이 모여 오밀조밀한 단어가 되고, 단어가 쌓여 문장을 이루는 고요한 방식으로 몇 해 겨우 살아내도 순간마다 번역은 낯설고 생경하니 갈 길이 멀다. 갈 길이 멀어 배울 것이 많아 오히려 두근대는 마음이다. 지금도 처음 번역가가 되기로 다짐했던 시절과 같은 양의 소중함을 안고 만발할 때를 기다리고 있다. 번역은 책상 앞에서 모든 일이 일어나고 마무리되니 도무지 설레는 순간이 없을 것 같아 혼자라도 옹골차게 낭만을 밀어붙이자고 아주 오래전에 다짐했었는데, 조금은 유치했지만 그 첫 마음이 지금까지의 복무를 적극적으로 지지해내고 있다.

반복되는 밤을 매일 새로이 맞아 환기할 수 있는 것도 그 때문이라 생각한다. 살아내는 내내 읽어왔던 책들을 번역한, 한 사람 몫의 번역을 해냈던 분들처럼 내 번역도 실하게 야물어 읽기 좋은 때가 찾아오기를 소원했다. 스포츠 선수의 '인생 경기'처럼 내게도 '인생 번역'이 농담처럼 남았으면 좋겠다고 제천으로 가는 기차 안에서 생각했다. 어쩌면 모르는 것과 바라는 것이 매일 더해져서 번역을 어째서 좋아하는지 정확히 적을 순간이 없었던 게 아닌지 곰곰이 되짚는 가운데 제천에 도착했다. 차창에 진눈깨비가 붙어 바깥 풍경이 희미했다.

오래된 리조트의 작은 방에 들어온 뒤 곧장 침대에 엎드려 상자를 열었다. 나프탈렌에 담배 냄새가 희미하게 섞여 이국적인 향이 진동했다. 공책에 마지막으로 쓴 것은 프랑스어에 관한 것이었는데, 문법이나 문화에 관한 애정 외에도 배우게 된 계기와 이유, 당시의 상황들이 살뜰하게 담겨있어 분량이 꽤 되었다. 새삼 놀라며 띄엄띄엄 읽다가 어느새 과거에 푹 빠져 다시금 생각에 잠겼다. 난방을 켜지 않아 쌀쌀했으나 설핏설핏 선잠이 들어 홑옷으로도 객실이 퍽 푸근했다.

문학을 그만둘지 고민하는 동안 우연을 오래도록 기다렸다. 당연했던 것에서 버려지고 싶지 않았던 단순한 마음만큼 기다림은 간절했고 때로 절박했다. 휴학하고 여러 가지 일을 병행하면서 어설프게 세상을 넓히려 애썼는데, 프랑스어는 그러다가 만난 것 중 하나였다. 일하던 물류센터에서 다치고 발목에 염증이 생겨 일주일 정도 여유가 생긴 겨울이었다. 음악을 들으며 누워서 조그만 독일어 입문 책자를 보다 커피를 쏟았다. 젖은 책을 그대로 두고 무턱대고 가까운 서점에 가서 책을 찾기 시작했다. 책장이 작고 진열된 언어의 종류가 적어 독일어 서적이 없었다. 덧난 염증이 아파오고 괜히 나온 게 아까워 프랑스어 입문 서적을 들고 돌아왔는데, 집에서 생각해보니 무릎 염증과 쏟은 커피로 저렴하게 우연을 산 셈이라 생각해 우선 책을 펴고 자리에 앉았다. 그렇게 어느 겨울의 새벽부터 지금까지 거짓말처럼 공부를 이어 하며 자리에 앉아 있다. 처음부터 번역가를 염두에 두고 언어를 배웠는데, 돌이켜보니 그런 몽글몽글한 포부나 야망에 가까운 계획을 품던 시절이 대단했구나, 회상했다. 공책 군데군데 적힌 알파벳과 어휘들을 따라 읽으며 졸음을 쫓았다. 지우개 자국이 선명해서 그날이 이따금 떠오르는 듯했다.

날이 저물어 상자를 치우고 조명등을 켜려 스위치를 찾는데 공책 뒤편에 짧은 메모가 남아있었다. '인생살이에 좀처럼 재능이 없다.' 아베쎄데를 겨우 배운 내가 번역가가 되고 싶다고 말하자 누군가가 해준 말이었는데, 그때도 지금도 공감이 가는 감사한 표현이다. 무던하게 살아와 모난 데 없이 몰두할 수 있어서 지금까지 올 수 있었지만, 소중히 여긴 하나의 우연을 지킬 수 있었던 것은 수도 없이 많은 다른 우연들이 각자의 각도에서 나를 구해줬기 때문이라 생각한다. 상자 속 수기로 적은 길고 짧은 역사들이 길 잃은 나를 번역으로 데려다주었다.

사랑이란 오히려 다른 사람 덕분에 나 자신을 사랑할 수 있게 되는 것이라고 히라노 게이치로는 말했다. 헤매던 곳에서 농담처럼 마주친 번역을 이제는 떼어놓을 수 없게 된 지금, 익숙한 자리로 돌아가 가로 두 뼘의 모니터 안에 잘 보살핀 문자를 입력하는 일을 나는 사랑하고 있다. 그럼에도 여전히 공책 한 모퉁이에 번역을 새겨 넣을 수 없는 것은, 돌고 돌아 나를 사랑하는 이유를 적어야 하는 것과 같기 때문이 아닐까 조심스레 생각한다. 지난 몇 해 동안 나는 번역 앞에서 가장 자유롭고 온전할 수 있었다. 두 쌍의 언어는 놓치고 지내왔던 사소한 부분을 긍정하게 했고 가장 편안한 방식으로 자신을 대할 수 있게 주었다. 모르는 것과 바라는 것이 더해지고 매일 다른 문자, 단어, 문장을 맞는 사이 하나의 우연은 어느덧 직업의 형태로 인생을 덤덤하게 세공하고 있다. 나는 아직 이 여지없는 형태의 사랑을 쉽사리 옮겨 적지 못했다. 나아가는 생의 근간을 하루의 감상에 모두 담을 수도 없을뿐더러, 마땅한 언어를 찾지 못해 한 글자조차 적지 못할지도 모른다. 갈 길이 멀어 생각할 시간이 충분한 것은 이런 때에 큰 위안이 된다. 누군가 번역을 좋아하는 이유를 물어보면 아직 대답할 말이 없지만, 우선 남은 겨울이라도 마저 번역하려 애쓰자고 정했다.

괜히 노트북을 펴놓고 책상에 앉으려다 그만뒀다. 외풍이 제법 찼으나 그냥 창밖에 시선을 두고 침대에 가로누웠다. 오늘은 눈이 온다고 했다.

COVER STORY

단상

“ 눈앞의 문장만을 바라보는 모든 번역가의
공통점을 위안 삼아 집중해도 빌려온 내력은
내 안에서 쉬이 어설퍼지니 도리가 없다. 나름의
할당량을 정하고 단순해지자 마음먹어도, 머리
가 맑아 컨디션이 좋은 날엔 무리해서 다음날
을 통째로 잃어버리는 때가 잦다. 밤을 새우며
내달려도 작업량은 턱없이 적어 보이니 이대로
괜찮은지 요원한 걱정이 들어 잠 못 드는 날
또한 적지 않다. 괜한 마음에 다른 번역가들의
흔적을 이곳저곳 기웃거려도 저마다의 방식으
로 윤나는 별들엔 명확한 주석이 없다.

늦겨울도 은근한 때에 접어들어 한기가 선명했다. 아침결 하늘에 잿빛이 슬슬 빠져 간절기를 감각하는데, 달력을 보니 어느덧 설밑이었다. 마감일 외에 달리 기억할 날이 없으니 별일 없이 밤낮을 지내다 보면 날짜를 잊는 날들이 종종 있다. 나아가 피곤하면 요일도 잊고, 고단하면 시간도 잊는다. 남은 계절감을 서둘러 떠안고 봄맞이를 나서도 몸이 시큰둥하니 올해도 입춘이 눈에 설었다. 겨울보다 추운 계절이 있다는 나른한 생각으로 초하루를 맞으며 아득하게 달력을 넘겼다. 윤습한 창 너머 수목에 드문드문 잎이 붙어 정초라도 제법 풍성한 모습이었다.

서른하나, 혹은 서른 날 안에 일정을 적거나 조그만 동그라미를 그리지 않아도 달력에는 먼저 발붙인 날들이 있다. 우수와 경칩, 춘

분을 지나 3월이 오고 절기 사이마다 나란한 공휴일과 주말은 익숙한 색감으로 온전한 한 장의 달을 갖춘다. 그러나 언어와 살을 맞대어 이어가는 매해는 여간해선 달력과 들어맞는 궤도가 없다. 순차를 붙여 날마다 일을 나눠도 초년생의 계획엔 두서없는 데가 있어 언제 어그러질지 가늠할 수 없기 때문이다. 들쭉날쭉한 평균을 메꾸려 불규칙한 며칠을 보내고 나면 결국 맥이 풀려 까마득한 마감까지 고생이 뒤따른다. 그렇게 주초도 주말도 없이 산란히 일하고 쉬니 토요일보다 파란 화요일이 있고 일요일보다 빨간 목요일이 있는 반면, 몹시 바빠 하얗다 못해 다음 달이 비칠 만큼 투명한 일요일도 있다.

눈앞의 문장만을 바라보는 모든 번역가의 공통점을 위안 삼아 집중해도 빌려온 내력은 내 안에서 쉬이 어설퍼지니 도리가 없다. 나름의 할당량을 정하고 단순해지자 마음먹어도, 머리가 맑아 컨디션이 좋은 날엔 무리해서 다음날을 통째로 잃어버리는 때가 잦다. 밤을 새우며 내달려도 작업량은 턱없이 적어 보이니 이대로 괜찮은지 요원한 걱정이 들어 잠 못 드는 날 또한 적지 않다. 괜한 마음에 다른 번역가들의 흔적을 이곳저곳 기웃거려도 저마다의 방식으로 윤나는 별들엔 명확한 주석이 없다. 서로 멀찍이서 주고받는 격려에 스미는 다정함을 보며 내 나름의 적당한 지점을 찾으려 애쓸 뿐이다.

불안은 자유의 현기증이라는 키르케고르의 표현이 꼭 맞게 느껴지는 요즈음 멍하니 뒷날을 그리는 시간이 많아진다. 좀처럼 늘지 않는 실력과 변하지 않는 요율에도 자주 가던 카페의 커피 값은 오백 원이 올랐고 그 돈을 더하기 위해 몇 개의 단어를 옮겨내야 하는지 계산을 해보는, 하릴없는 꼬리물기의 연속이다. 그렇게 오백 원어치 단어에서 시작한 생각은 더 나은 번역가로 살아갈 방법에 대한 막연한 고민으로 불어나고, 결국엔 집과 꿈, 줄곧 지켜온 일상과 과거가 혼재해 머릿속이 어지럽게 되어버린다. 제 몫을 해내는 번역가라면 누구나 한 번쯤은 겪었을 당연한 걱정들 앞에서 나는 미숙하기만 하니 자연스레 쓴웃음이 나온다. 더구나 그런 걱정들이 대부분 그토록 바라왔던 자유에서 비롯되었다는 걸 떠올려보면 아이러니가 묘하다.

나태한 하루를 보내거나 작업이 부진해도 시들한 핀잔 하나 들을 일조차 없다는 사실은, 고스란히 업무와 생활의 구분을 허물어 온전한 휴식을 방해하는 요소가 되기도 한다. 여린 뜻으로는 아직 주어진 자유에 관한 책임을 다 가늠할 수 없다. 속한 데 없어 헤엄쳐도 밤바다의 연속이니 여지없는 부담에 숨이 차오를 때가 많다. 그럼에도 번역가가 언어로 살기로 한 것은, 번역을 마땅한 제자리로 여기고 여전히 나아가는 것은, 자신에게 필요한 것이 여기 있다는 걸 누구보다 잘 알기 때문이 아닐까. 매일 실력을 점검하고 괜찮은 경력을 쌓으려 자신을 의심해도 아직 프로가 되기엔 한참 모자라는구나, 실감하게 되는 이십이 년이다.

막막한 이야기를 했지만, 고삐를 놓치고 새벽까지 무리하는 날에 불안한 마음만 가득한 것은 아니다. '얼마 남지 않았으니 더 하면 세 시 전에 끝낼 수 있을 것 같은데', '끝내면 다음 일을 찾아서 계속해야 하는데' 하는 별수 없는 강박도 있지만, 그 순간을 지속할 수 있는 것은 무엇보다 번역이 그만큼 재미있기 때문이 아닐까 생각한다. 익숙한 분야, 눈에 익은 패턴들이 나열되어 속도가 나고 자잘한 오타 하나 없이 손도 잘 따라주면 오래 해도 피로가 깔끔하다. 오히려 은은한 보람이 남아서 지쳐 잠들어도 웬만큼 후회가 없다. 번역가가 잡은 핸들은 오롯이 자신의 선택에 따라 움직이니 늘 위태롭다가도 이런 새벽이라면 어디든 갈 수 있다는 확신이 든다. 짧은 사이에 샘솟은 유치한 의욕이 뜻밖에 한동안 버팀목이 되어주는 걸 겪으며 첫 마음과 자세를 가다듬는다. 피곤을 떨치고자 주전자에 물을 데우며 나를 여전히 번역가로 살게 하는 것들을 생각한다. 이유는 모르겠으나 새해엔 그런 생각이 각별하다.

다양한 현실과 불안에 한풀 꺾여 글은 물론 종이도 쳐다보기 싫을 때가 찾아와도, 시기가 되면 다시 책상에 바짝 당겨 앉아 새 일감을 기다리고 있다. 아직 경험이 부족해 거대한 회의감이나 우울을 느낄 만큼 염증을 겪진 못했지만 불현듯 회복된 마음은 풋내기에게도 신기하다. 답답한 심정에 바람이나 쐬러 해변을 에둘러 걸어도 나아지지 않던 상태가 어느 날 갑작스레 괜찮은 걸 보면 천성이 번역에 잘 맞나 보다, 하고 농담으로 넘겨짚게 되는 구석이 있다.

일감이 드문 이런 연초엔 더 들어가 그 회복의 뿌리에 대해 생각한다. 그럼에도 내가 번역으로 돌아가게 되는 이유는 무엇일까. 꽤 오랫동안 고민해도 명확한 답을 내기 어렵다. 직업으로부터 선택이라도 받은 것만 같은 엉뚱한 기분이다. 오래전부터 자라온 본성이 아귀가 맞는 퍼즐 조각을 만나 모자람이 없는 모양인데 잊은 것처럼 이유를 떠올릴 수가 없다.

적성에 맞아 지금까지의 일이 지겹지 않았고 묵묵한 성격 덕에 한 자리에 오래 머무를 수 있었으며, 활자와 친해 언어를 금세 배워내는 소질이 내겐 있었다. 선명한 기억은 없고 장면만 남아서 잔존하는 추억. 그 빛바랜 어딘가에 나를 번역가로 살게 해준 단편들이 속속들이 있다는 게 새삼 어색하다. 희끄무레한 어린 시절이 여기까지 왔다는 실감 또한 나지 않는다. 다만 마음과 바람이 교차하는 지점을 잘 찾아내어 무사히 살아왔다고 믿을 뿐이다.

적극적으로 혼자가 되는 자리에서 이런 회상은 즐겁다. 자신의 목소리를 세심히 듣고 기억하는 일련의 상념들로 다음 행선지까지의 지도를 만들면 도중에 길을 잃어도 넘어질 일이 없다. 나아갈 힘을 잃게 되더라도 돌아올 곳이 반드시 있다는 사실을 알기 때문이다. 나는 끝내 나아갈 동력을 언어로 정한 사람이니까 더욱이 자신을 알아가는 일에 소홀하지 말자고 다짐했다. 지난주에는 비가 내렸다.

유독 안온했던 어느 하루에 버스를 기다리고 있었다. 정류장에 앉아 하늘을 보는데, 가랑비가 시야를 가리는 정경에 오래된 학예회 비디오 하나가 떠올랐다. 이월이 넘어도 생경한 빗방울이 그날따라 쨍한 햇빛과 겹쳐지는 게 꼭 지직거리는 비디오 노이즈 같았다. 잘고 세세하게 날리는 비는 오래된 캠코더로 찍어서 유난히 노이즈가 심했던 학예회 비디오와 꼭 들어맞았다. 버스를 타고 가는 내내 그 옛 시절을 생각했다. 몸이 좋지 않아 힘들었던 당시의 상태나 기분 외에 기억나는 것이 그다지 없었다. 애써 끄집어낸 두어 개의 장면들 속에는 천식 때문에 힘들어하며 새벽 내내 숨을 헐떡이는 내가 있었다. 어둑한 오전이 옮아 입술 밑이 퍼런 밤색이었는데, 당시의 현기증이나 여러 가지 고통이 미세하게 떠올랐다. 어둠과 한숨에 가려져 생이 멀어졌던 일곱 살 한 해의 순간이 짚을 새 없이 빠르게 지나갔다. 돌이켜보면 이런 오래된 시절부터 조그만 자아가 하나하나 쌓여 성격이나 적성, 소질 같은 것을 이루지 않았을까, 늘 앓아왔던 호흡과 그에 이어진 기호들이 맥을 타고 지금의 나를 살게 하는 것은 아닐까, 생각했다. 형편 좋게 그런 짐작을 했지만 기원을 찾는 맹랑한 공상이 우주 같아 무수했다. 창 너머로 버스가 주마등처럼 지나갔다.

유미주
현역 번역가

PHILO
TRANS

PHILOTRANS

노벨상으로 가는 문을 연 번역된 『채식주의자』

> 번역가답게 대번 번역으로 관심이 쏠렸다. 그
> 동안 읽었던, 아니 분석했던 한영소설들은 지극
> 히 한국적이었다. 소설은 한국인의 감성을 바탕
> 으로 쓴다. 그 번역들은 한국인의 감성을 그대
> 로 옮겨놓고 있었으므로, 말하자면 원본 문화
> 를 중시한 번역이었다. 한국 문화가 고스란히
> 녹아든 번역, 영문번역이라고 해서 외국인이 잘
> 이해할 수 있는 번역이 아니었다. 한국에 오래
> 산 외국인, 혹은 한국을 연구하는 외국인이 이
> 해할 것 같은 번역들이었다.

그 소식을 집으로 돌아오는 전철 안에서 들었다. 10월10일 목요일 늦은 저녁이었다. 처음에는 가짜 뉴스인 줄 알았다. 그만큼 느닷없는 소식이었다. 그러나 이내 여기저기서 소식이 전해지기 시작했고 스웨덴 한림위원회 소식을 청취하던 지인이 그 소식이 진짜라고 전해주었다. 곧 물밀듯이 사방에서 말이 쏟아지기 시작했다.

순간 8년 전에 썼던 논문이 떠올랐다. 그 논문은 한강의 책에 관한 것이 아니었다. 한강의 『채식주의자』를 번역한 데버러 스미스(Debora Smith)의 *The Vegetarian*이었다. 당시 한강과 데버러 스미스는 이 소설로 인터내셔널 맨부커상을 공동 수상했다. 맨부커상 수상 소식을 듣는 순간 호기심이 일었다. 무엇이 이 소설을 매력적으로 만들었을까? 무엇이 그 명망 높다는 맨부커로 하여금 이 소설을 선택하게 한 것일까? 맨부커상은 노벨문학상, 프랑스의 콩쿠르상과 함께 세계 3대 문학상으로 꼽힌다.

번역가답게 대번 번역으로 관심이 쏠렸다. 그동안 읽었던, 아니 분석했던 한영소설들은 지극히 한국적이었다. 소설은 한국인의 감성을 바탕으로 쓴다. 그 번역들은 한국인의 감성을 그대로 옮겨 놓고 있었으므로, 말하자면 원본 문화를 중시한 번역이었다. 한국 문화가 고스란히 녹아든 번역, 영문번역이라고 해서 외국인이 잘 이해할 수 있는 번역이 아니었다. 한국에 오래 산 외국인, 혹은 한국을 연구하는 외국인이 이해할 것 같은 번역들이었다. 유독 축자역을 중시하는 우리의 풍토가 반영된 번역이었다.

오죽하면 축자역이니 의역이니 하면서 오역 논쟁이 휩쓸겠는가. 결국 노이즈 마케팅임이 밝혀졌지만 김화영이 번역한 『이방인』의 오역 논쟁은 한동안 번역계를 뒤흔들었다. 거슬러 올라가면 전국민이 논할만큼 화제는 되지 못했고 결국 오역이 밝혀졌지만 아무도 신경 쓰지 않았던 이윤기가 번역한 『그리스 로마 신화』 오역 논쟁에 이르기까지 번역계를 휩쓸고 지나간 오역 논쟁은 많고도 많았다.

그런데 상을 받다니. 그것도 세계 삼대 문학상 중의 하나인 맨부커 상이라니. 그만큼 한국인의 정서가 널리 알려진 것일까. 혹은 한국문화가 그만큼 알려진 것일까. 그도 아니면 혹자가 거론하는 대로 국력이 신장한 것일까.

일반적으로 번역가는 감추어진다. 어떤 상을 받으면 화려하게 각광을 받는 사람은 작가지 번역가가 아니다. 물론 작품을 쓴 사람이 작가니 당연한 일이지만 번역이 없으면 작품이 아무리 좋아도 국내로 한정되고 만다. 찻잔 속 태풍은 찻잔 안에서만 태풍이다. 『채식주의자』, 정확히 말해 이 소설 내의 「몽고반점」은 2005년 국내에서 명망 높은 이상문학상을 받았다. 그러므로 문학적 가치는 이미 보증된 상태였다.

이 책의 번역가는 유명하거나 명망 높은 학자가 아니었다. 아주 새로운 얼굴, 데보라 스미스(Debora Smith)라는, 스물여덟 살, 젊디젊은 학생이었다. 한국어를 독학으로 시작했고, 한국학을 공부한 지 겨우 6년밖에 되지 않은 박사과정생. 그런데 맨 부커 수상위원회는 이 젊은 여인에게 작가와 공동으로 상을 주었던 것이다. 신선한 발상이었고 눈이 번쩍 뜨인 소식이었다. 번역가들의 노고를 인정한다는 의미였으므로. 스미스는 International Man Booker가 제정한 공동 상을 처음으로 수상한 번역작가였다. (저자와 번역작가가 £50,000를 반으로 나누어 가졌다.)

번역이 어떤 역할을 하는지는 누구나 안다. 세계로 나가는 문을 활짝 열어젖히는 것이다. 번역은 단순한 어휘의 문제가 아니다. 문자 그대로 번역하는 축자역(흔히 말하는 직역) 대 의미를 살려 번역하는 의역이라는 용어는 누구나 알 정도로 유명하지만, 번역한 책을 읽는 독자, 대상 독자의 문화적 배경은 그다지 거론되지 않는다. 뭉뚱그려 의역에 포함하는 탓이다. 의역에는 대상 독자의 전통, 사고방식, 문화적 배경에 단어가 지닌 언어의 역사 및 사건 등을 고려한 번역이 포함된다. 결국 서양인의 사고방식과 한국인의 사고방식이 다르므로 한국인 독자가 이해하는 만큼 서양인 독자가 이해하도록 하기가 어렵다는 의미다. 채식주의자 번역과 관련해서는 흔히 '자국화'와 '이국화'가 거론된다.

'자국화'란 번역서를 읽는 독자들이 이해하기 쉽게 여러 요소를 바꾸거나 삭제하거나 혹은 무시하는 방식으로 번역하는 번역 전략이다. 한국어 책을 읽고 한국인이 갖는 이미지를 영어를 읽은 서양인이 동일하게 떠오르도록 만드는 것이다. 그건 골치 아픈 문제다. 문화가 다르고 사고방식이 다른데 어떻게 동일한 이미지를 갖도록 할 수 있는가. 그들의 사고방식의 결을 따라가야 한다는 의미다. 서양인의 사고방식과 한국인의 사고방식이 다르므로 한국인 독자가 이해하는 만큼 서양인 독자가 이해하도록 하기가 어렵기에 이러한 전략들이 나오는 것이다. 물론 제각기 장단점이 있다.

*The Vegetarian*과 『채식주의자』를 비교하는 일은 놀라움의 연속이었다. 물론 원본과 번역본의 차이는 미묘했지만 그 차이는 우리식 번역으로는 뛰어넘기 힘든 부분을 열어젖히고 있었던 것이다. 말하자면 서양인의 사고방식을 고려한 번역이었다. 오독이라고 보아야 할까. 혹은 착각이라고 보아야 할까. 아니면 고의적인 편집이라고 보아야 할까. 번역자의 의도가 무엇이었든 간에 소설은 한국인이 아

닌 서양 독자를 고려해 번역되었다. 말하자면 철저히 대상 독자에게 잘 읽히기 위한 번역이었던 것이다. 예를 들어 「채식주의자」 회식 부분에서 사장이 말하는 '사상 체질'은 '네 개의 철학 이념' 정도로 번역되었다. 그런가 하면 스미스는 친척관계를 번역하는데 서툴렀고 회식 같은 곳에서 드러나는 한국인 특유의 분위기를 읽어 내는 데 서툴렀다. 한국의 문화에 익숙하지 않으면 알 수 없는 대목이었다. (후에 60여개의 오역을 수정했다고 한다.)

따라서 *The Vegetarian*을 분석한 한국인 학자들은 그녀의 번역상 오역을 지적하면서 다양한 평을 내놓았다. 학자들 대다수의 목소리는 그녀의 번역이 독자 친화적이고 수용자 중심적인 번역 전략으로 자국화 전략을 택했다는 것이고 그렇기에 두 개의 『채식주의자』가 존재한다는 것이다. 결과적으로 스미스는 새로운 작품을 창작했다는 것이니 원본과는 다르다는 것이다. 그러나 학자들은 스미스의 번역이 유려하고 뛰어나다는 데에 동의한다. 그런가 하면 스미스가 감으로 번역했기에 좋은 번역이 나왔다고도 한다. 결정적인 것은 맨부커상이건 노벨상이건 수상위원회가 읽는 것은 원본이 아니다. 그들은 번역된 작품을 읽는다.

『채식주의자』의 영어 번역과 관련해 저자인 한강은 "소설에서는 톤 그러니까 목소리의 질감이 중요하다고 생각한다"며 "그런 점에서 데버러 스미스의 번역은 작가인 제가 의도했던 톤을 정확히 살렸다"고 평가했다(한겨레 2019. 10. 20).

또 하나 스미스는 자신이 번역한 작품을 출판하기 위해 동분서주했다. 혹자는 그녀가 대산문화재단에서 기금을 받았기 때문에 번역했다고 말한다. 그러므로 기관의 기여도를 인정해야 한다는 것이다. 그러나 번역작품을 출간하는 것은 번역자의 몫이다. 책을 출간해줄 출판사를 섭외해야 하는 것이다. 스미스는 포르토벨로 출판사에 이 작품을 들고 갔고 편집자 맥스는 책을 읽어본 후 출판 결정을 내렸다.

여기에는 한강의 작품을 미국의 여러 출판사에 보냈던 한국 에이전시의 노력은 나타나지 않는다. 당시 포르토벨로의 편집자였던 맥스는 2013년 런던 북 페어에서 데버러 스미스와 만난 경험을 이야기하면서 에이전시의 노력을 언급한다. 당시 그는 전혀 몰랐지만 한국 에이전시가 미국의 여러 출판사에 출판을 제안했지만 모두 거절당했다는 것이다. 미국 뉴욕에서 소규모 문학 에이전시를 운영하는 지트워는 2006년 한강 작가의 한국 에이전시인 이구용 KL 매니지먼트 대표에게서 '채식주의자'를 받아 읽어보고 금세 사랑에 빠졌지만, 출판하지 못했다고 한다. 미국 로체스터 대학의 비영리 문학 출판사 오픈레터는 '채식주의자' 영문본 출판 제안을 거절했다(머니투데이 2024. 10. 15).

The Vegetarian 의 출판은 아마도 맥스가 문학 번역 출판 전문이 아니었기에 가능했던 일이 아닐까. 그리고 이 출판사가 독립출판사였기에 가능했던 것이 아니었을까. 그는 이 책의 7페이지를 읽었

고 그리고 출판사의 다른 사람들과 의논했으며 이 책의 가치를 인정했다. 그는 번역이 매우 훌륭하고 유창하며 분위기가 있었고 음악성을 가졌다고 말한다. 그런 과정을 거쳐 이 책이 영국에서 출판되었던 것이다.

영미 출판계에서 번역서를 출판하는 비율은 전체의 3퍼센트다. 그 희박한 확률에 당첨된 것이다. 이 작품을 맨부커 상 위원회가 눈여겨보았다. 이 상은 영국에서 영어로 번역 출간된 단행본 소설을 대상으로 삼는다. 그 다음은 우리가 익히 아는 대로다. 한강은 노벨상을 탔다. 그리고 그녀의 책이 지금 독서 열풍을 일으키고 있다.

오늘날 우리의 번역 현실은 어떤가? 환경은 대단히 좋아졌다고 볼 수 있다. 심지어는 휴대하고 다니는 스마트폰에도 번역기가 깔려 있어 어디에 가나 예사롭게 번역기를 사용한다. AI 인공지능 덕분에 어려움 없이 통번역을 할 수 있는 시대가 된 것이다. 그렇기에 번역가의 일감이 줄었다는 소리가 들리고 번역학과에 학생 수가 줄어들었다는 소리가 들린다. 한때 학교 차원에서 번역을 적극 지원했던 어느 대학원은 아예 박사과정에서 번역 전공을 폐지했다.

대학원에서 번역학이 각광을 받고 호황을 누린 것은 1990년대에 시작해서 20여 년에 지나지 않는다. 2007년 번역학회에 참석하고 돌아오는 길에 대화를 나누었던 교수들은 그 사실을 알고 있었다. 생소한 학문인 번역학과를 설립해 성수기를 누렸던 그 교수들은 은퇴할 즈음이었다. 그들은 자신들이 얼마나 운이 좋았는지를 연거푸 강조했지만 듣는 이들은 달랐다. 그들의 앞에서 듣고 있어야 했던 이들은 이제 시작하는 이들이었으니. 당시 이미 인공지능이 등장하고 있었던 것이다. 구글 번역기, 파파고 등의 자동 번역기가 한창 주가를 올리고 있던 2016년 알파고가 이세돌과 바둑 대결을 펼치던 때, 이미 번역학과는 내리막길을 걷고 있었으니 당시 신문 기사들은 알파고의 득세를 근거로 10년이내 번역가가 없어질 것이라는 예상을 쏟아내고 있었던 것이다(중도일보 2018).

심지어 없어질 가능성이 가장 많은 직종의 1위는 번역가였다. 당시 신문 기사가 없어질 것이라고 예상한 직종은 번역가만이 아니었다. 캐셔, 경리, 공장 근로자, 비서 등이 있었다. 그러나 번역가는 1위였다. 단순 직종이 아닌데도 1위였으니 신문 기사들은 어떤 근거로 번역가가 없어질 가능성이 가장 높다고 여겼던 것일까? 일반인들이 생각하는 번역은 문자 그대로의 번역이었다. 단어 그대로를 옮기는 축자역이니 그러한 번역은 번역기가 주로 하는 일이었다.

신문 기사의 호들갑 때문이었을까. 가뜩이나 적은 번역학과 지망생들이 더 줄어들기 시작했다. 물론 더 큰 원인은 전반적인 학생 수의 감소였으나 사라질 것이 뻔한 이 직종을 지원하고자 하는 학생들은 더 큰 비율로 줄어들기 시작했던 것이다. 누가 번역을 하려 들겠는가. 번역기를 돌리면 몇 분도 안되어 장문의, 그것도 품질이 괜찮은 번역이 나오는데. 게다가 번역기는 무료다. 비싼 인간 번역가를 고용하거나 쓸 필요가 없는 것이다.

번역학과에 들어오는 학생들은 회사에서 번역을 경험한 경우가 많다. 그들이 한결같이 하는 말은 회사에서 기계번역을 해왔고 복사해서 붙이기하는 그 번역에 싫증이 나서 인간다운 번역을 찾아왔다고 말한다. 인간다운 번역이란 정교한 번역이기도 하지만 달리 말해 문화적 뉘앙스를 전달하는 번역, 창의적인 표현을 하는 번역, 전문 지식을 요구하는 번역을 말한다. 기계 번역으로 해결할 수 없는 분야를 의미하는 것이다. 줄여 말하면 AI로 인해 단순 번역보다 문화적 뉘앙스, 전문 지식이 필요한 분야, 창의적인 표현이 요구되고 있다.

그중의 하나가 문학번역이다. 데버러 스미스의 번역을 거론한 것은 인간만이 이러한 번역을 해낼 수 있다고 보았기 때문이다. 데버러 스미스는 인공지능보다 앞선 번역을 해냈던 것이다. 노벨상 수상으로 모처럼 인 이 독서 열풍이 이런저런 잡음으로 훼손되지 않기를 빈다. 상상력의 결실인 소설을 현실과 비교해 진실이 아니라고 이러쿵저러쿵 하는 일은 언제나 있어왔던 일이다. 우리가 잊지 말아야 할 것은 이 노벨상 수상에서 외국인 번역가가 어떤 노력을 했는지이다.

이 외국인 번역가에게서 우리가 배워야 할 바는 자명하다. 우리가 해야 할 일은 인공지능 전문가가 아닌 인간 번역가를 더 많이 키우는 일이다.

이강선

성균관대학교 번역대학원 교수 | 번역학 석사, 영문학 박사 | 힐링과 통합치유 연구

PHILOTRANS

충실한 번역은 어디에

     "서양문학의 근간으로까지 언급되는 호메로스의 서사시 『일리아스』가 이준석에 의해 40년 만에 국내에 새롭게 번역되었다. 무려 15,693행의 방대한 분량 가운데 주목할 대목이 있다. 아킬레우스에 맞서는 트로이아의 헥토르를 향해 그와 동일한 날에 태어난 판토오스의 지혜로운 아들 폴뤼다마스는 조언한다. 비록 신과 같은 아킬레우스가 자신보다 강하다는 사실을 알고 있었지만 헥토르는 폴뤼다마스의 조언을 수용하지 않았다.

언어의 정치적 기원

구약성경 창세기는 흩어짐을 피하려 도시를 세우고 탑을 세운 사람들의 이야기를 전한다. 바벨탑 사건으로 알려진 이 이야기는 세상의 광경을 목격한 창조주가 분노하여 사람들이 서로 말을 알아듣지 못하게 한 사건이다. 그곳의 이름은 바벨이라고 불린다. 이는 말을 뒤엎고 사람들을 온 땅 표면 위로 흩어 버리셨기 때문이다.

창세기에 따르면 언어는 디아스포라(διασπορά)적이다. 고대 그리스어로 '파종'을 뜻하는 이 단어는 원형에서 분리된 언어의 기원을 설명한다. 서로 다른 국가 및 인종은 차이점이 발현된 결과일 뿐 차이점의 원인이 아니다. 언어가 존재하는 방식은 정치적이다. 고유성을 잃지 않으려는 언어의 자기화(자기실현)는 집단 속에서 발전된다. 발터 벤야민(Walter Benjamin)은 그의 책 『언어 일반과 인간의 언어에 대하여 번역자의 과제 외』에서 언어는 그 언어에 상응하는 정신적 본질을 전달하며 이는 언어 속에서 전달되는 것이지 언어를 통해 전달되는 것이 아니라고 말한다.

언어의 생존방식

서양 문학의 근간으로까지 언급되는 호메로스의 서사시 『일리아스』가 이준석에 의해 40년 만에 국내에 새롭게 번역되었다. 무려 15,693행의 방대한 분량 가운데 주목할 대목이 있다. 아킬레우스에 맞서는 트로이아의 헥토르를 향해 그와 동일한 날에 태어난 판토오스의 지혜로운 아들 풀뤼다마스는 조언한다. 비록 신과 같은 아킬레우스가 자신보다 강하다는 사실을 알고 있었지만 헥토르는 풀뤼다마스의 조언을 수용하지 않았다. 아킬레우스와의 일전을 목전에 둔 헥토르는 트로이아인들을 향해 펠레우스의 아들이자 신과 같은 아킬레우스를 무서워하지 말라고 격려한다. 트로이아인들의 투지가 한껏 고조된 순간 제우스의 아들 아폴론이 헥토르 곁에서 속삭였다. "헥토르, 더 이상은 절대로 아킬레우스에게 맞서 앞장서서 싸우지 말거라. 대신 무리를 따라서, 혼잡한 소음이 이는 곳에서 그를 기다리려무나. 그자가 너를 맞히거나, 가까이에서 칼로 내리치지 못하게끔 말이다."[1] 아폴론의 말을 들은 헥토르는 걷잡을 수 없는 두려움에 사로잡힌다.

---

1 호메로스, 『일리아스』, 이준석, 아카넷, 2023, pp. 617.

성문법과 경전은 이성적인 비판을 허용하지 않았다는 점에서 고대의 막강한 권력이었다. 각인되지 않았을 뿐 신의 입에서 발화된 신탁(oracle)도 권력을 양분하고 있었다. 물론 『일리아스』의 헥토르는 자기 안의 두려움을 극복했지만 계속해서 등장하는 신의 목소리는 언어가 헤게모니를 쟁취한 일면을 보여준다.

진화하는 언어

진위 논쟁이 있지만, 어니스트 헤밍웨이(Ernest Hemingway)의 것으로 간주되는 짧은 소설이 있다. "팝니다. 아기 신발. 신은 적 없음For sale. Baby shoes. Never worn." 고대의 언어가 권력을 독식하는 방식으로 생존했다면 근대 이후 언어는 투영되고, 해석되는 방식으로 진화하고 있다. 모텐 H. 크리스티안센(Moten H. Christiansen)과 닉 채터(Nick Chater)는 저서 『진화하는 언어』를 통해 다음과 같이 진술한다. "간결하면서도 서글픈 여섯 단어 소설은 사람들에게 강렬한 감정을 불러일으킨다. 이 소설을 두고 여러 이야기를 연상하기란 쉽다. 누군가는 유산이나 출산 합병증 혹은 돌연사 등으로 아기를 잃고 망연자실한 부모가 아기의 탄생을 앞두고 애정을 담아 사들인 신발을 판매하는 것이라고 상상할지도 모른다. 남겨진 부모가 묘지에 서서 작은 관이 땅에 내려지는 모습을 지켜보며 눈물을 흘리는 모습을 마음속으로 그려볼 수도 있다. (중략) 하지만 이처럼 상세한 이야기들은 이 여섯 단어 속 어디에도 존재하지 않는다. 그 이야기들은 부모, 아기, 슬픔과 관련해 우리의 마음이 조합해 구성한 것이다."[2]

---

2   모텐 H. 크리스티안센, 닉 채터, 『진화하는 언어』, 이혜경, whale books, 2023, pp. 44~45.

언어는 스스로 몸집을 부풀리기에서 벗어나 개인과 집단 인식의 한복판에 들어가는 방식으로 진화하는 데 성공한 것처럼 보인다. 문학작품으로 비유하면, 『그리스인 조르바』의 니코스 카잔차키스는 인상적인 필치로 완전한 인간 조르바를 창조했고, 윌리엄 서머싯 몸은 『면도날』에서 자유의 도상에 서 있는 래리를 불러냈다. 두목을 향해 던진 조르바의 말들은 도그마에 가까워 이견을 제기하기 어렵다. 반면에 어수룩하지만 자유를 향한 래리의 말과 행동은 여러 층위를 보여줌으로써 독자 스스로 생각할 여지를 더 많이 제공한다.

한국어 생존전략

한국어는 친족언어가 없는 고립어로 간주된다. 『바벨』의 저자 가스통 도렌은 한국어가 표의어를 사용하는 이유를 이야기를 더욱 생생하게 전달하려는 목적이라며 "표의어는 표현적이고 회화적인 면이 있기 때문에, 다른 단어들 사이에서 두드러진다."고 말했다. 2024년은 한국문학사의 기념비적인 사건이 일어났다. 한강 작가의 노벨문학상 수상이 그것이다. 무수히 많은 의성어와 의태어를 가진 한국어는 번역하기 까다로운 언어가 분명한데 무엇보다 대체 단어를 찾기 어렵기 때문이다. 지금까지 한국 작가가 노벨문학상 수상에 실패할 때마다 언론도 같은 말을 반복했다. 작품에 녹아든 작가의 아름다운 시적 문체와 역사의식이 이번 쾌거에 혁혁한 공을 세웠지만 위에서 언급한 한국어의 특성은 양날의 검인 것만은 사실이다.

2018년부터 2022년까지 4년을 인도(India)에서 지내며 영어, 힌디어, 한국어를 사용했다. 한국인들과는 모국어인 한국어로, 영어를 사용하는 인도인과는 영어로, 영어를 말하지 못하는 인도인과는 기초 수준의 힌디어로 소통했다. 세 언어를 사용하며 어순의 차이가 언어적 차이를 유발시킨다고 느꼈다. 항상 그렇진 않지만 영어의 경우 문장을 구성할 때 대부분 주어 뒤에 동사가 따라온다. 이를 하나의 독립적인 인격체로 본다면 매우 합리적이고 간결한 사고의 소유자일 확률이 높다.

중국어와 미얀마어도 힌디어, 한국어와 유사한 SOV 어순을 사용한다. 주어 뒤에 동사가 오기까지 목적어가 자리한다. 자연스럽게 우리말은 행동의 이유를 먼저 설명하거나 당위성을 증명해야 한다. 예를 들면, "나는 피곤해서 잠을 잔다."와 같은 문장이 그렇다. 우리말 어순은 소극적으로 보이지만 화자의 필요나 행위를 앞세우지 않는다. 그보다는 대상을 상정하여 연대하는 데 유리한 관계 지향적인 구조를 지녔다. 이는 인공지능과 생명과학 시대에 무척 중요한 생존전략이다. 지금은 고인이 된 이어령 초대 문화부장관을 비롯한 대부분의 지식인들은 21세기 과학의 인공지능(AI)과 유전자 변형 및 DNA 복제, 안락사 캡슐 사용은 높은 수준의 집단지성과 윤리적 합의가 요구된다고 주장한다. 진화는 이동을 통해 이뤄지며 그 자체가 하나의 목적을 지닌 유의미한 행동이다. 국제정세를 떠나 타자 지향적인 한국어는 계속해서 생존할 진화에 최적화된 언어다.

고전하는 것은 날개가 없다

앞서 언급한 『진화하는 언어』는 의사소통을 중심으로 언어의 진화를 설명한다. 진화하는 언어의 조건은 원활한 소통이지만 상당한 노력이 필요하다고 말한다. "우리가 서로 이야기를 나눌 때 말하는 단어, 구, 문장은 의사소통 빙산(communication iceberg)이라 부르는 것의 꼭대기 일부에 지나지 않는다. 지금까지 언어 과학 연구의 대부분은 바로 이 가시적인 부분에 집중해 왔다. 그러나 언어가 작동하기 위해서는, 즉 우리가 말을 듣고 이해하기 위해서는 의사소통 빙산의 보이지 않는 부분이 필요하다."[3] 저자에 따르면 의사소통 빙산은 피라미드 구조로 이뤄져 있다. 하부에서 상부로 갈수록 문화, 감정이입, 협력, 문화적 규범, 관습, 무언의 규칙, 가치, 관행, 규범, 객관적 지식이 겹겹이 쌓여 있고 수면 위로 문장, 구, 단어가 확인된다.

문장은 인산, 디옥시리보스, 뉴클레오티드 결합체인 DNA와 유사하다. 일반적으로 번역이란 기점 언어를 도착 언어로 대체하는 작업이다. 문장은 여러 단어들로 조직된다. 단순한 결합이 아니라 직조와 같은 복잡한 과정을 거친다. 단어를 형성하고 있는 여러 층위와 무형의 사슬 속으로 분화된 언어의 기원과 의미를 찾는 일은 애초에 불가능한 것처럼 보인다. 국내에서 가장 많이 번역되는 언어인 영어는 인도유럽어족의 게르만어파에 속하지만 로망스어군의 영향을 받았다. 한국어가 엄청난 양의 한자를 수입했다면 "영어는 프랑스어, 라틴어, 고대 그리스어에서 수많은 단어들을 빌려왔으며, 스페

---

3 위의 책, pp. 46.

인어, 이탈리아어, 네덜란드어, 독일어, 아랍어, 히브리어, 페르시아어, 산스크리트어 등에서도 많은 단어들을 빌려왔다."[4] 번역가는 번역할 때 무분별한 단어 선택과 난삽한 수용이 아니라 세공처럼 정교함을 요구 받는다. 섬세한 작업에도 번역가는 고전한다.

번역의 중간지대

번역가는 번역을 통해 저자와 독자를 헤아리는 중재자를 자처한다. 회색지대가 아니라 모두를 만족시키기 위한 중간지대를 찾는다. 옥스퍼드 대학교의 매슈 레이놀즈는 그의 저서 『번역』에서 "모든 번역은 이국화와 자국화의 혼합이다. 여기에는 두 가지 기본적인 이유가 있다. 모든 번역은 원천 텍스트와 수용 언어 및 문화 사이를 중재하기 때문이다. 원천 텍스트의 모든 특색과 이국성을 온전히 재현하는 번역은 불가능하다. 온전한 재현은 번역을 전혀 하지 않음을 의미할 것이다. 원천 텍스트를 완전히 자국화하는 번역도 불가능하다. 번역으로는 원문의 특색과 이국성을 남김없이 제거할 수 없다. 그렇게 하려면 원문과 전혀 다른 새로운 텍스트를 써야 할 것이다. (중략) 모든 번역은 중간지대에 거한다."고[5] 주장한다.

다양한 문화적 배경을 가진 독자들이 번역서를 각자의 기준으로 평가할 수 있지만 원천적으로 완벽한 번역이란 존재하지 않는다. 한국어 원어민인 우리도 국어가 완벽하지 않기 때문이다. 앞서 언급한

---

4 가스통 도렌, 『바벨』, 김승경, 미래의창, 2021, PP. 422.

5 메슈 레이놀즈, 『번역』, 이재만, 교유서가, 2017, PP. 97~98.

천병희 역 『호메로스』는 가독성이 뛰어나지만 새롭게 번역된 이준석 역의 『호메로스』는 정확성을 목표로 번역됐다는 평가가 주를 이룬다. 누구의 것을 선택하느냐는 독자의 몫이다. 어쩌면 번역에 있어서 정확성만큼 중요한 게 다양성의 가치다.

최선의 번역이란?

영국 런던의 뱅골 출신 이민자 가정에서 태어나 미국에서 공부한 줌파 라히리(Jhumpa Lahiri)는 영문학 교수이자 소설가다. 이탈리아 로마로 이주한 그녀는 『저지대』를 끝으로 이탈리아어로 소설, 에세이, 시를 쓰기 시작했다. 국내에도 굉장한 팬덤(Fandom)을 확보한 그녀는 퓰리처상을 비롯해 여러 상을 수상했다.

내가 지금까지 읽어온 독서의 궤적을 떠올리면 디아스포라 작가 대부분은 정체성 문제에 천착하여 존재의 기원을 찾는 구도자적 삶을 감행했다. 쁘리모 레비, 빅터 프랭클, 재일교포 서경식이 그랬다. 저들이 써 내려간 서사의 완성은 죽음 또는 죽음의 고통 끝에 찾은 새로운 길이었다.

줌파 라히리는 스스로 뱅골어와 영어가 모국어가 아니라고 말한다. 그녀는 이탈리아어를 읽고 쓰며 지리적, 언어적 경계를 확장하여 존재론적 의의를 확인한다. 저서 『나와 타인을 번역한다는 것』에서 그녀는 번역을 둘러싼 실존을 고민한다. "번역한다는 건 한 사람의 언어적 좌표가 달라지는 일, 놓쳐버린 것을 붙잡는 일, 망명을 견뎌

내는 일이다."[6] 라히리의 글을 통해 번역이야말로 인간의 정수(精髓)라는 사실을 깨닫는다. 저자를 이해하려는 일환으로 번역가는 문화적, 정신적 망명까지 불사해야 하기 때문이다. 이는 번역에만 해당되는 일이 아니다. 사회적 동물인 인간이 삶을 영위하기 위해 타자와의 연대는 필요충분조건이기 때문이다.

라히리를 통해 번역자의 자세를 살펴봤다면, 올가 토카르추크는 번역자의 지적 크기의 중요성을 주장한다. 2018 노벨 문학상 수상자인 올가 토카르추크는 『다정한 서술자』에서 특별한 독서 경험을 들려준다. "폴란드에서 내가 속한 세대는 위대한 번역가인 타데우시 보이젤렌스키가 번역한 프랑스 고전들을 한 번쯤은 접해 봤을 것이다. 매우 활동적이면서 근면 성실했던 이 번역가는 한편으로 강렬하면서도 풍부한 개성과 표현력을 겸비하고, 다른 한편으로는 엄격한 어순과 문법 질서를 요구하는 까다로운 프랑스어에 딱 들어맞는 동시대의 폴란드어를 구사했다. 그래서 나는 몽테뉴를 읽었지만 보이젤렌스키의 정신과 지성을 통해 그것을 읽었다. (중략) 내가 아는 프랑스 문학은 번역가가 체험하고 이해한 딱 그만큼의 수준과 용량이라고."[7]

라히리와 토카르추크를 통해 알 수 있는 사실은 완전한 번역은 없어도 차선책은 존재한다는 것이다.

---

6   줌파 라히리, 『나와 타인을 번역한다는 것』, 이승민, 마음산책, 2023, pp. 115p.

7   올가 토카르추크, 『다정한 서술자』, 최성은, 민음사, 2023, pp. 96.

충실한 번역, 시대를 껴안다

동사 '충실하다'는 내용이 알차고 단단하다는 뜻이다. 모든 번역자들이 산고와도 같은 번역 작업에 매달린 끝에 가장 듣고 싶은 말 가운데 하나가 아닐까 싶다. 창의적인 번역은 의미 있는 번역 가운데 하나다. 수려한 필치로 의역한 번역은 가독성이 좋다. 작은 오차도 없이 직역에 몰두한 번역은 정확성에 있어서 높은 점수를 받을 수 있다. 하지만 좋은 번역이란 그런 게 아니다. 원문과 독자에 충실한 언어가 반영된 번역이 좋은 번역이다. 특히 문학작품의 번역일 경우 다른 번역물에 비해 난도가 높지만 더욱 충실한 번역이 필요하다.

국내 최고의 번역가로 손꼽히는 정영목은 그의 번역 에세이 『완전한 번역에서 완전한 언어로』에서 다음과 같이 번역을 정의한다. "번역의 언어는 이상적일 경우, '너'의 글쓰기도 아니고 '나'의 글쓰기도 아닌, 저자의 언어도 아니고 내 언어도 아닌, 또 어떤 면에서는 외국어도 아니고 한국어도 아닌, 그 긴장 관계 속에서 잉태된 제3의 언어가 아닐까 하는 생각이 든다."[8] 번역사의 한 획을 그은 정영목은 저서에서 좋은 번역에 대해 깊이 고민한 흔적을 적잖이 남겼다. 번역이란 기점 언어를 목표 언어로 채우는 과정이기에 언어를 선별하는 일은 번역의 전부라고도 볼 수 있다. 그는 이상적인 번역의 조건을 긴장 속에 잉태된 제3의 언어라고 정의한다.

저자와 독자, 시대와 세대 모두를 배제하지 않는 번역물 속에만

---

8 정영목, 『완전한 번역에서 완전한 언어로』, 문학동네, 2018, pp. 121.

존재하는 유일한 언어. 그것이야말로 최선의 번역이며, 번역에 충실할 때만 얻을 수 있는 영예의 순간이다.

성경만큼 많이 개정되고, 개정의 필요성을 요구받는 저작물도 드물다. 국외를 넘어 개역한글, 표준새번역, 공동번역, 현대인의 성경, 쉬운성경 등 국내 개정판의 종류도 무척 다양하다. 얼마 전 대한성서공회에서 『새한글성경』이 새롭게 출간되었다. 2011년 12월 27일에 '성경번역연구위원회'가 조직되어 새로운 성경 번역의 첫걸음을 시작했다. 젊은 성서학자 36명과 국어학자 3명으로 구성된 번역연구위원회는 10년 넘는 시간을 번역에 매진한 끝에 2024년 『새한글성경』이라는 결실을 맺었다.

번역의 글을 저술하기 위해 특정 종교의 경전인 성경을 차용한 이유는 성경의 번역사가 종교적 한계에 머물지 않기 때문이다. 이미 발터 벤야민을 비롯한 다수 번역가들이 성경 번역 과정을 참조한 바 있다. 특히 『새한글성경』의 머리말은 충실한 번역이 무엇인지 의미를 제대로 전달하고 있다.

1. 원문의 긴 문장은 짧은 여러 문장으로 나누어 번역하고, 가능하면 한 문장이 50자 내외 16어절 정도를 넘지 않게 하여, 디지털 매체로 읽기에 적합하도록 한다.

2. 원문의 문학 갈래(장르)에 따른 특징을 최대한 살려 번역하여, 원문의 다채로운 문체가 번역문에서도 드러나게 한다. … 또 시편

에서는 다른 책과는 달리 '여호와께서'가 아닌 '여호와가'를 주격 조사로 써서 찬양하는 사람, 기도하는 사람 등과 하나님의 친밀감이 드러나도록 한다.

3. 옛 문체의 종결어미인 '-느니라'를 쓰지 않고, 현대 한국어 종결어미인 '-이다/-하다'를 쓰되, 필요한 경우에는 '-입니다/-합니다'를 쓴다.

6. 과거에 통용되었으나 현재 널리 사용되지 않는 낱말은 가능한 한 현재 젊은이들이 사용하는 새로운 낱말과 표현을 찾아서 번역하고 ….

9. 여성이나 장애인이나 환자나 특정 사회 계층의 사람을 비하하는 느낌을 주는 낱말이나 표현은 문맥에서 꼭 필요로 하는 경우가 아니면 공식적으로 통용되는 말로 번역한다."[9]

『새한글성경』이 내세운 번역의 목표는 번역의 필요조건과 충분조건을 만족시킨다. 또한 일련의 탈권위적인 번역의 틀은 자칫 경전에서 느낄 수 있는 지나친 엄격성을 무장해제 시켰다. 아울러 시대의 눈높이를 맞추려는 노력도 돋보인다. 무엇보다 기존의 '나병'은 '심한 피부병'으로 순화시켰다. 놀라운 것은 창세기 1장 3절, 기존의 "빛이 있으라"에서 "빛이 생기기를"로 번역한 점이다. 신적 권위에서 벗어나 개인을 탄생시킨 중세 르네상스(Renaissance)를 연상시키기에 충분했다.

---

9 『새한글성경』, 재단법인 대한성서공회, 2024.

한강 작가의 노벨 문학상 수상을 축하하며

「채식주의자」를 번역한 데보라 스미스(Deborah Smith)는 많은 문학 관계자들로부터 한강 작가가 노벨문학상을 수상하는데 일등공신이라는 찬사를 받았다. 한강 작가는 2016년 「맨부커 인터내셔널」 수상 소감에서 마음이 통했고, 신뢰하게 되었다며 번역가 데보라 스미를 언급했다.

데보라 스미스의 번역은 저자인 한강과 전세계 독자를 매료시키는 일에 성공한 것처럼 보인다. 정영목이 언급한 제3의 언어가 그녀의 번역인지도 모른다. 적어도 충실한 번역의 예를 이번 노벨문학상 수상을 통해 입증했으니 말이다.

송영범
기독교대한감리회 리뉴처치 목회자

PHILOTRANS

독일 대학생들의 웹툰 번역 프로젝트 성찰 일지
번역에서 전시까지

> **"** 특히, 웹툰 번역은 일반적인 문학 번역보다
> 훨씬 더 복합적인 도전을 제시한다. 웹툰은 텍
> 스트와 이미지를 결합한 독특한 매체로, 단순
> 히 텍스트의 의미를 옮기는 것을 넘어 그림, 서
> 체, 장면 배치, 분위기와 감각까지 독자들에게
> 효과적으로 전달해야 한다. 이러한 특성은 번역
> 가에게 언어적 능력뿐만 아니라 문화적 이해와
> 창의적인 접근 방식을 필수적으로 요구한다.

독일대학 한국웹툰 번역 수업
번역가 초청 특강

　한국 웹툰은 오늘날 글로벌 대중문화의 중심에 자리 잡고 있다. 디지털 콘텐츠에서 출발한 웹툰은 이제 인쇄 출판물, 영화, 그리고 다양한 언어로 번역되며 전 세계 독자들에게 한국적 정서를 전달하고 있다. 이는 웹툰이 단순히 한 국가의 문화적 표현을 넘어, 전 세계가 공감할 수 있는 콘텐츠로 확장될 수 있음을 보여준다. 이러한 글로벌 성공의 이면에는 번역가들의 기여가 있다.

　번역가는 단순히 텍스트를 옮기는 기술자가 아니라, 원작자의 의도를 깊이 이해하고 독자의 문화적 기대를 충족시키기 위해 창의적이며 윤리적인 판단을 내려야 한다. 또한 언어적·문화적 중재자로서 텍

스트의 맥락과 감성을 조율하며 책임감 있는 번역을 수행해야 한다. 번역은 단순히 단어를 변환하는 기술적 작업을 넘어, 언어와 문화를 연결하는 창의적이고 지적인 과정이며, 궁극적으로는 예술적 행위에 가깝다.

특히, 웹툰 번역은 일반적인 문학 번역보다 훨씬 더 복합적인 도전을 제시한다. 웹툰은 텍스트와 이미지를 결합한 독특한 매체로, 단순히 텍스트의 의미를 옮기는 것을 넘어 그림, 서체, 장면 배치, 분위기와 감각까지 독자들에게 효과적으로 전달해야 한다. 이러한 특성은 번역가에게 언어적 능력뿐만 아니라 문화적 이해와 창의적인 접근 방식을 필수적으로 요구한다.

이 글은 독일 대학에서 내가 지도했던 웹툰 번역 프로젝트를 중심으로, 학생들이 한국어 웹툰을 독일어로 번역하며 직면했던 도전과 성취를 성찰한 내용을 담고 있다. '한국어와 미디어'라는 수업의 일환으로 진행된 이 프로젝트에서 30명의 학생들은 6주 동안 제주 웹툰캠퍼스에서 제공받은 10개의 웹툰 작품을 부분적으로 번역했다. 학생들은 2~4명씩 팀을 이루어 작품의 언어적 요소와 시각적 특징을 분석하고 번역하며, 그 과정에서 겪은 어려움과 배움을 성찰 저널에 기록했다.

　학생들은 번역 기술을 익히는 것에 그치지 않고, 각 작품의 작가와 이메일로 소통하며 원작에 대한 이해를 심화시키고 학내에 번역 작품 일부를 포스터로 전시하며 프로젝트를 마무리했다. 전시회는 단순히 결과물을 공유하는 것을 넘어, 학생들이 번역가로서의 역할을 체험하고 번역 작업의 중요성을 다른 학생들과 나누는 대화의 장이 되었다.

　특히, 학생들이 작성한 성찰 저널은 번역 과정에서 직면한 윤리적, 창의적, 철학적 질문들에 대한 고민과 해답을 담고 있어 귀중한 자료가 되었다. 이 기록은 학생들이 번역가로서 어떤 판단을 내리고 문제를 해결했는지를 생생히 보여줄 뿐 아니라, 번역이 단순한 언어적 변환을 넘어 문화적 이해를 촉진하는 중요한 수단임을 증명한다.

　이번 글은 학생들의 성찰 저널을 토대로, 번역이 단순한 학문적 과제를 넘어 언어와 문화의 복잡성을 체험하는 과정으로 어떻게 확장되었는지를 독자들과 공유하고자 한다. 학생들은 언어적 장벽을 넘어 문화적, 윤리적, 철학적 도전과 마주하며, 번역 과정에서 요구되는 세심함과 창의성을 발휘해 그 과정의 깊이와 아름다움을 생생히 경험했다. 이러한 경험은 번역이 단순히 언어를 변환하는 작업이 아니라, 서로 다른 문화와 정서를 잇는 다리로서 어떤 역할을 하는지를 보여주는 귀중한 사례로 남을 것이다.

제목과 캐릭터 번역에서 시작되는 고민

번역 과정에서 학생들이 가장 먼저 직면한 도전은 작품의 제목과 캐릭터 이름을 번역하는 작업이었다. 제목과 이름은 독자가 작품에 대해 처음 접하는 요소이기에, 원문의 문화적 맥락을 존중하면서도 독일 독자들에게 자연스럽게 다가갈 수 있는 표현을 만들어야 했다. 학생들이 번역한 웹툰 중 몇몇은 제목부터 강렬하게 한국어의 독특한 문화적 정서와 유머를 담고 있어, 이를 독일어로 옮기는 작업에서 상당한 고민을 필요로 했다.

예를 들어, 토막토막이라는 작품제목은 무언가가 잘게 조각나는 소리를 묘사하는 한국어 의성어로, 이를 독일어로 "Abgehackt (chopped off, cut off, disconnected)"로 번역했다. 이 단어는 잘린 느낌과 이야기의 중단된 흐름을 효과적으로 전달하며, 원작의 플롯과 장르적 특성을 충족했다. 반면, 눈사람 그녀라는 제목은 직역할 경우 "Schneemann Sie(Snowman she)"처럼 어색하고 독자들에게 혼란을 불러일으킨다. 이를 해결하기 위해 학생들은 원문의 뉘앙스를 유지하면서도 독일어 독자들에게 친숙한 표현인 "Frau Schneemann(Ms. Snowman)"을 선택해 번역의 완성도를 높였다. '제주정착기'는 제목 자체가 특정 지역적 배경과 새로운 삶의 시작을 암시하는데, 이를 자연스럽게 전달하기 위해 학생들은 "Mein neues Leben auf Jeju(제주에서의 색다른 삶)"으로 번역했다. 이 번역은 단순한 직역에서 벗어나, 독일어 독자들에게 '제주'가 장소의 이름임을 알리고 장르가 공포, 코메디, 괴담, 판타지, 옴니버스라는 원작의 맥락을 눈치채고 공감할 수 있도록 조정한 사례다.

웹툰의 캐릭터 이름을 번역하는 작업은 얼핏 제목 번역과 비슷해 보이지만, 실제로는 훨씬 더 깊은 고민과 창의성을 요구했다. 예를 들어, 여우리, 도가비, 고양이라는 이름은 한국어로 들었을 때 각각 여우, 도깨비, 고양이를 자연스럽게 연상시키지만, 독일어에서는 그러한 문화적 연관성이 없다. 따라서 학생들은 독일어에서도 유사한 뉘앙스와 느낌을 전달할 수 있는 이름을 창작해야 했다. 오랜 토론과 치열한 논의 끝에 독일어 독자들에게도 캐릭터의 본질적 특징을 전달할 수 있는 이름을 만들어냈는데 '여우리'는 '폭시 라이네케(Foxy Reineke)', '도가비'는 '코비 볼트(Coby Boldt)', 그리고 '고양이'

Taeyeong Kim (32)

Was für ein Blödsinn...

는 '미치 캇츠(Mitzi Katz, 영어로 하면 Mitzi cat)'로 번역되었다. 이러한 캐릭터 이름의 번역은 한국어에서 이름만 듣고도 캐릭터의 성격과 상징성이 자연스럽게 느껴지는 것을 독일어로 최대한 표현해 내기 위한 학생들의 노력, 즉 비슷한 음가와 느낌을 전달하기 위해 문화적 맥락과 언어적 감각을 십분 불태웠음을 보여준다.

웹툰의 제목과 캐릭터 이름은 독자가 가장 먼저 접하는 부분으로, 작품에 대한 첫인상을 결정짓는 중요한 요소다. 학생들은 원문의 문화적 맥락과 의도를 존중하면서도 독일 독자들이 쉽게 이해하고 공감할 수 있는 표현을 만들어내기 위해 고군분투했다. 이 과정은 단순히 기술적인 번역을 넘어, 번역가로서의 창의성과 책임감을 동시에 요구하는 작업이었다.

의미의 충실성과 창의성 간의 균형—의성어, 의태어, 속어

번역의 또 다른 중요한 과제는 원문에 충실하면서도 독자들에게 자연스럽게 전달될 수 있도록 창의성을 발휘하는 것이고 이 도전은 특히 의성어나 속어 번역에서 두드러졌다. 작품 속 "냠냠쩝쩝"이라는 표현은 독일어에 적확한 직역이 없어 학생들은 음식 맛을 즐기는 느낌을 효과적으로 전달할 수 있는 독일어 의성어 "맘프(mampf)"

를 선택했다. 이 번역은 음식물을 천천히 씹으며 맛있게 먹는, 특히
어린아이가 음식을 즐기는 가볍고 재미있는 뉘앙스를 가진 말로 원
작의 단어 '냠냠쩝쩝'의 소리와 뉘앙스를 동시에 살리는 훌륭한 사
례였다. 비슷하게, "탁"이라는 의성어는 동작의 생동감을 전달하기
위해 "클랏취(klatsch, 손뼉을 치거나 물체가 평평한 표면에 부딪힐 때 나는 소리, 물 튀길
때 나는 소리)"로 "촤르르"와 같은 커튼 소리를 묘사한 의성어는 독일
어의 "찌(zieh, 당기다 pull)"로 번역되었다.

　　하지만 원작의 어떤 의성어들은 소리와 움직임이 모호하게 표현된
경우가 많아 이를 해석하는 데도 상당한 시간이 걸렸다. 학생들은
한국어 의성어의 소리와 동작을 독일어에서 가장 적절히 전달할 수
있는 방법을 찾기 위해 치열한 토론과 실험을 거쳤는데, 직접 물건
을 여러 차례 바닥에 떨어뜨리거나 교실 문을 열고 닫으며 눈을 감

고 소리에만 귀 기울여 들어가며 이를 독일어 표현으로 옮길 방법을 격렬히 논의했다. 판타지 및 스릴러 장르를 번역한 조는 직접 칼싸움 동작을 해보며 적합한 의태어를 찾기 위해 고민하기도 했다.

... auch auf diese komplizierten Gefühle.

속어 번역에서도 유사한 고민이 이어졌다. "대박"은 독일어에서 나이에 따라 다르게 해석될 수 있기 때문에, 현대 독일어 감탄사로 널리 쓰이는 "크라스(krass)"를 선택했는데 이는 한국어 원문의 열정적이고 강렬한 느낌을 독일 독자들에게 자연스럽게 전달할 수 있었다. 반면, "초딩" 같은 표현은 직접적인 번역이 어려워, 맥락적으로 해석하여 "내가 (여전히) 초등학교에 다녔을 때(Als wär ich wieder in der Grundschule)"라는 문장으로 풀어냈는데 그 이유는 중요한 것이 원작이 강조했던 초등학생 시절의 맥락이지, 속어 사용 자체가 아니었기 때문이다.

이처럼 번역은 원문에 충실함과 창의성 사이에서 끊임없이 균형을 맞추는 작업이다. 학생들은 이 과정에서 언어의 유연성과 문화적 맥락의 중요성을 체득하며, 번역가로서의 문제 해결 능력을 키웠다. 특히, 의성어와 다의어 같은 언어적 현상을 번역하는 과정에서 맥락을 고려한 창의적 접근이 돋보였다. 이러한 경험은 단순한 언어적 도전을 극복하는 것을 넘어, 언어적 다양성을 깊이 이해하고 존중하는

태도를 배양하는 데 기여를 했다고 본다. 내 평생 수업 시간 동안 학생들이 이렇게 적극적으로 문제 해결을 위해 고군분투하는 모습을 본 적이 없을 정도로, 이번 웹툰 번역 프로젝트에서 학생들이 보여준 열정과 창의적인 문제 해결 능력은 깊은 감명을 안겨주었다.

언어와 사고방식의 관계: 문법적 구조와 번역의 도전

학생들은 한국어의 존칭 표현과 캐릭터 간의 관계를 독일어로 효과적으로 전달하기 위해 상황에 맞는 번역 방식을 고민하며 다양한 전략을 시도했다. 예를 들어, 한국어의 정중한 표현 "-(으)세요"를 독일어로 번역할 때, 격식체인 "Sie"와 비격식체인 "Du" 중 어느 표현이 더 적합한지 상황에 따라 신중히 결정해야 했다. 긴박한 장면에서는 원문이 존칭 표현을 사용했더라도, 감정적 긴장감을 더 효과적으로 전달하기 위해 비격식체를 선택하는 것이 더 적합한 경우도 있었다.

    또한, "아저씨"라는 표현은 친근함과 존중을 동시에 담고 있지만, 독일어로 번역할 때 이 뉘앙스를 그대로 재현하기가 어려웠다. 학생들은 상황과 캐릭터 간의 관계를 분석한 끝에, 독일어의 "Alter (나이든 사람)"를 선택하여 캐릭터 간의 관계와 맥락을 적절히 표현했다. 비슷하게, "짜식"이라는 표현은 독일어로 직역하면 어색하거나 지나치게 남성적으로 들릴 수 있어, 학생들은 이를 "Ach, wie süß! (Oh, how sweet! 귀여운 녀석)"이라는 표현으로 대체했다. 이는 원문의 유머와 친밀함을 유지하면서도 독일어 독자들에게 자연스럽게 다가갈 수 있도록 조정된 번역이었다.

    한국어와 독일어의 문법적 구조와 사고방식 차이는 번역 과정에서 지속적인 도전을 제기했다. 예를 들어, 한국어에서는 주어나 목적어를 생략하는 경우가 많지만, 독일어에서는 명시적인 문법 구조를 요구한다. 이러한 차이로 인해 학생들은 번역 과정에서 생략된 주어와 목적어를 유추해 독일어로 명확히 표현해야 했다. "완전히 망가진 거 같은데"라는 문장은 독일어로 "Das sieht komplett kaputt aus(이것은 완전히 망가진 것 같은데)"로 번역되었으며, 생략된 주어 "Das(이것은)"를 추가함으로써 독일어 독자들에게 문맥을 명확히 전달할 수 있었다.

학생들은 시적인 내러티브를 번역할 때도 창의적인 조정을 통해 원문의 함축성을 살리면서 독일어의 명확성을 부여하려 노력했다. 예를 들어, "꿈이 현실을 앞서고"라는 문장은 직역하면 시적인 느낌을 상실할 위험이 있었기에, 학생들은 "Traum gefolgt von Realität(현실로 이어진 꿈)"이라는 표현으로 수정했다. 이는 독일어의 문법적 요구를 충족하면서도 원문의 시적 분위기와 함축적 의미를 살리려는 창의적 번역이었다.

웹툰의 형식적 특성 또한 언어적 차이를 부각시켰다. 긴 문장이 여러 말풍선에 걸쳐 나뉘어진 경우, 학생들은 문맥의 흐름을 유지하고 독자가 자연스럽게 따라갈 수 있도록 독일어 문장을 재구성해야 했다. 이는 제한된 말풍선 공간 내에서 원문의 의미를 최대한 압축하며 독일어의 긴 문장 구조를 적용해야 하는 작업으로, 세심한 판단과 높은 수준의 조정을 요구했다.

한국어의 고맥락적 표현과 독일어의 저맥락적, 명시적인 구조의 차이를 탐구하는 과정에서 학생들은 두 언어의 사고방식과 문화적 특성을 깊이 이해할 기회를 얻었다. 웹툰 속의 한국어는 독자의 상상력과 추론을 중요시하지만, 독일어는 논리적이고 구조화된 접근을 강조한다. 이러한 차이는 단순히 언어적 규칙을 따르는 작업을 넘어, 번역가로서 사고방식과 문화적 배경을 이해하고 이를 조화롭게 중재해야 하는 과제로 이어졌다.

또한, 일부 한국어 표현은 독일어로 직접 번역하기 어려웠다. "썸남"과 같은 단어는 독일어에서 적절한 대안을 찾기 힘들었지만, 학생들은 문맥을 고려해 "Endlich ist es soweit!(드디어 그 순간이 왔어!)"와 같은 표현으로 원문의 의도를 효과적으로 전달했다. 하트(♥)와 같은 기호 역시 독일 독자들에게는 생소할 수 있어, 학생들은 문장 내 설명을 추가하는 방식을 통해 독자들이 원문을 이해할 수 있도록 했다.

이와 같은 번역 불가능성은 학생들에게 창의적 해결책을 요구했다. 예를 들어, "슬금슬금"이라는 표현은 독일어에서 자연스러운 대응 표현이 없어, 학생들은 이를 "Das Elend kommt immer ganz plötzlich über uns(고통은 항상 갑작스럽게 우리를 덮친다)"로 번역하며 원문의 본질을 유지하려 했다. 이러한 사례는 번역 불가능성이라는 철학적 도전에 대해 학생들이 어떻게 창의적으로 접근했는지를 보여준다.

이 과정은 학생들에게 단순히 언어적 장벽을 넘어, 언어와 문화의 교차점에서 발생하는 도전을 극복할 역량을 키우는 데 큰 기여를 했다. 학생들은 언어적 구조와 사고방식의 차이를 탐구하며, 번역가로서 문화적 민감성과 창의적인 문제 해결 능력을 배양할 수 있었다.

번역, 기술을 넘어 이해와 공감의 예술로 웹툰 번역 프로젝트는 단순히 언어적 도전을 극복하는 학문적 연습을 넘어, 학생들에게 언어와 문화의 복잡성을 직접 체험하고 번역가로서의 정체성을 형성할 수 있는 소중한 기회를 제공했다. 학생들은 번역 과정에서 단순히 원문의 의미를 옮기는 데 그치지 않고, 문화적 맥락과 독일어권 독자의 기대를 고려해 창의적인 해결책을 만들어냈다.

웹툰 번역은 현대 글로벌 문화에서 필수적인 작업으로, 기술적 과제이자 창의적이고 예술적인 접근을 요구하는 분야다. 이번 프로젝트를 통해 학생들은 번역이 단순한 언어적 변환에 그치지 않고, 원문과 독자 간의 정서적·문화적 연결을 구축하는 중요한 과정임을 체감했다. 특히, 웹툰 번역 수업은 언어와 문화가 교차하는 지점에서 사고하고 문제를 해결하며 창의적인 결정을 내릴 수 있는 역량을 배양하는 데 크게 기여했다.

학생들은 한국어와 독일어 간의 구조적, 문화적 차이를 이해하고, 이를 창의적으로 극복하는 과정을 통해 번역가로서의 책임감과 윤리적 판단력을 키울 수 있었다. 결과적으로, 웹툰 번역은 단순히 단어를 다른 언어로 변환하는 작업이 아니라 두 문화 간의 다리를 놓는 중요한 과정임을 실감했다. 이러한 작업은 글로벌 시대에 문화 간의 이해와 공감을 촉진하는 데 필수적이며, 번역가로서의 역할과 책임을 더욱 강조한다.

이번 프로젝트는 학생들에게 번역이 언어적 기술을 넘어 전 세계 독자들에게 새로운 문화를 전달하고 소통할 수 있는 창의적이고 예술적인 작업임을 경험하게 했다. 이들이 미래 글로벌 문화 속에서 이어갈 번역가로서의 역할과 잠재력은 무궁무진하다.

윤재원

쾰른대 다중언어학 박사, UMBC 언어문화학 석사 | 독일 보훔대학교 한국학과 전임 교수

PHILOTRANS

번역, 기능과 예술 사이 모호한 선 위에서

           " 유튜브에서 어떤 인터뷰를 봤다. 로고 디자인을 하는 디자이너의 인터뷰였는데, 디자인이란 기능성이 예술성보다 우선되어야 하는 것으로 예술성이 기능성을 해치게 되는 경우에는 보기에 덜 예쁘더라도 심미성을 버리는 것이 더 좋은 디자인이라고 생각한다는 이야기였다. 그걸 보며 불현듯 그런 생각이 들었다. 번역도 좀 그렇지 않나?

유튜브에서 어떤 인터뷰를 봤다. 로고 디자인을 하는 디자이너의 인터뷰였는데, 디자인이란 기능성이 예술성보다 우선되어야 하는 것으로 예술성이 기능성을 해치게 되는 경우에는 보기에 덜 예쁘더라도 심미성을 버리는 것이 더 좋은 디자인이라고 생각한다는 이야기였다. 그걸 보며 불현듯 그런 생각이 들었다. 번역도 좀 그렇지 않나?

디자인은 디자인을 의뢰한 고객이 없으면 탄생하지 않는다. 순수 예술은 그렇지 않다. 물론 역사적으로나 현실적으로는 순수 예술에도 많은 고객들이 있기는 했다. 보티첼리나 미켈란젤로 등을 후원해 준 르네상스 시대 이탈리아의 메디치 가문이 그랬다. 또 자본주의가 기틀로 굳어진 오늘날에는 순수 예술가인 화가도, 피아니스트도 고객 없이는 직업으로서 존재할 수 없다. 하지만 근본적으로 예술이란 직업이 아니어도 독립적으로 존재할 수 있다. 그저 아름다운 것이 보고 싶어서, 듣고 싶어서 만들면 예술이라 할 수 있다. 윗집 초등학생이 임윤찬이나 조성진과는 비할 수도 없는 수준으로 피아노를 연주한다 해도 그것이 순수하게 아름다움과 즐거움을 위해서라면 어쨌든 그 초등학생은 예술 행위를 하고 있는 것이다. 하지만 디자인은 고객 없이 오롯이 존재할 수는 없다. 예술에 가깝게 아름다운 디자인이라 해도, 또는 광고라 해도, 디자인이나 광고는 순수 예술과는 출발점도 목표점도 다르다.

번역에도 닮은 구석이 있다. 번역은 독립적으로는 존재할 수 없다. 먼저 원문이 있어야 하며, 그에 더해 그 원문을 다른 언어로 옮기고자 하는 주체가 있어야 한다. 물론 번역은 디자인이나 광고와는 뚜렷이 구별되는 지점도 있다. 이 둘은 소비자에게 소구해야만 하는 자본주의의 상업성에서 떨어질 수 없는 운명을 가지고 있지만 번역은 반드시 그렇지는 않다. 원문을 지극히 사랑하여 재정적 대가가 없이도 외국의 드라마를, 영화를, 게임을 번역해 옮기는 팬들은 과거에도 있었고 현재에도 있으며 미래에도 있을 것이다(이제는 거기에 AI의 힘도 적잖이 들어가겠지만 말이다). 그럼에도 번역은 결코 완전한 예술이 될 수 없다. 번역에는 원문이란 것이 있기 때문이다.

번역이란 본질적으로 원문을 쓴 글쓴이의 의도를 읽는 이에게 잘 전달하는 것이다. 사실 번역의 유일한 목적이 그것이라 해도 과언이 아니다. 보다 예술에 가까이 닿아 있는 문학—게임 번역이든, 예술과는 거리가 멀어 보이는 사양 설명서나 공문서 번역이든 다르지 않다. 원문과 관계없는 단어와 표현이라면 그것이 아무리 천재적인 발상이라 해도 번역문에 넣을 수는 없다. 원문을 무시하는 순간 그 글은 예술이 될지는 몰라도 번역이 될 수는 없다.

그러니까 번역은 디자인이나 광고처럼 자본주의와 맞닿아 있지는 않을지 몰라도 예술이라고 할 수도 없는 어떤 모호한 지점에 위치하고 있다. 그 때문에 번역자를 직업인으로 지칭할 때 작가에게 쓰는 '가' 자를 써서 '번역가'라고 부르지만 실상은 그렇게 부르는 이도, 그렇게 불리는 이도, 아무도 '번역가'가 진정 작가라고 여기지는 않는 희한한 현상이 일어나는 것 아닐까. 어쨌든 번역가는 번역가고 작가는 작가인 것이다.

팬으로서 하는 번역이나 취미 번역을 넘어 번역을 업으로 삼게 되면, 특히나 산업 번역에 종사하게 된다면 더더욱 이 문제에서 벗어날 수 없다. 이 행위를 통해 수익 창출을 하게 되는 순간 자본주의의 논리라는 두꺼운 끈이 칭칭 감기게 된다. 무슨 일이든 안 그렇겠냐만 말이다. 어쨌든 디자인 업계에 클라이언트가 있고 광고업계에 광고주가 있듯이 번역에도 고객사가 있다. 그때부터는 훌륭한 번역을 하려면 일차적으로 눈에 보이는 원문을 넘어 고객사가 지향하는 방향성과 추구하는 가치 또한 반영해야 한다. 말하자면 원문의 품질이 썩 좋은 편이 아니라 해도 고객사의 목소리를 담아 더 멋들어진 번역문으로 만들어낼 수도 있는 것이다. 소위 말해 원문이 허접해도 찰떡같이 예쁘고 세련된 말로 바꿔 주어야 한다.

고객사의 입장에 이입해서 생각해 볼까? 이미 만들어진 원문의 품질이 낮고 볼품없는 것은 고객사에서 더 이상 어떻게 할 수 있는 문제가 아니고, 사실 관심 갖는 부분도 아니다. 어쨌든 그들은 원문 콘텐츠를 만들어내기 위해 카피라이터든 시나리오 작가든 누구든 고용해서 1차적으로 지출이 발생했을 것이고 이제 2차적으로 로컬라이제이션(현지화) 비용까지 지출해야 한다. 그러니 더 좋은 결과물을 바라는 것은 어찌 보면 당연한 일이다. 물론 번역하는 입장에서는 원문의 한계가 명확한데 이를 뛰어넘는 결과를 바라니 막막하고 억울할 수도 있다.

　여기에서 산업 번역과 출판 번역의 차이에 대해 생각해 보면 재미있을 것 같다. 일단 나는 쭉 산업 번역에만 종사해 왔기 때문에 출판 번역에 대해서는 무지한 편이다. 그러나 듣기로 출판 번역은, 특히나 문학 번역은 번역사가 발휘할 수 있는 재량의 폭이 넓지 않은 편이고 가능한 한 원문에 철저히 따르는 것이 암묵적인 룰이라 한다. 짐작해 보자면 문장은 윤문하되 번역 자체는 직역에 가깝게 하는 것 같다. 문학 번역에서 의역보다는 직역을 많이 쓴다니 놀랍지만 또 곰곰 생각해 보면 당연한 이치인 것 같기도 하다. 왜냐하면 문학적 글에는 형용사나 동사 선택에는 물론 조사 하나에, 문장의 구조나 배치에, 그 모든 사소한 요소에 작가의 의도가 들어가 있기 때문에 그 모든 의도를 최대한 살리기 위해서는 대부분의 디테일을 고스란히 가져오는 형태로 직역하는 것이 최선일 것이다. 그런 과정에서 흔히 말하는 '일본어 번역투', '영어 번역투'가 생겨나기도 하지만 때로는 오히려 그러한 번역투가 해당 언어의 느낌을 전달해

주는 하나의 요소가 되기도 한다.

반면 산업 번역은 이야기가 조금 다르다. 먼저 산업 번역에는 산업 번역이라는 한 마디로 뭉뚱그리기에는 어처구니없을 정도로 수없이 많은 형태가 있다. 호텔 내 레스토랑의 메뉴판과 지자체의 대중교통 이용 홍보물, 기업의 사내 기밀 문건, 홈페이지의 이용 약관 등이 모두 산업 번역 카테고리로 묶인다. 여기서는 이해를 돕기 위해, 또 주제에 맞추어 광고 카피 등의 마케팅 번역을 예로 들어 이야기해보겠다.

일단 광고의 카피는 처음 쓰일 때부터 소설이나 시의 그것에 버금갈 정도로 많은 의도와 생각이 단어와 표현 하나하나에 들어가 있으며, 심지어 띄어쓰기 한 칸에도 의도가 담긴다. 그 유명한 애플의 Think Different와 같은 경우에는 의도적으로 문법을 파괴하기도 했다. 이러한 광고 카피의 번역을 의뢰하는 경우 많은 고객사에서는 해당 카피의 의도와 목적, 톤 앤 매너, 프로덕트의 성격, 고객사의 포지셔닝 등의 정보를 제공한다. 번역사가 어떤 방향으로 번역의 가닥을 잡아야 하는지 도움을 주기 위해서다. 이때 작업을 Translation이 아니라 Transcreation으로 의뢰하는 경우도 있다 (Transcreation은 한국어로 옮기면 의역이라고 할 수도 있겠지만 의역보다는 재창작에 가까운 뉘앙스를 담고 있다). 트랜스크리에이션의 경우 보통 단가도 번역보다 높고, 기한도 더 넉넉하게 준다. 이렇게 트랜스크리에이션 작업을 하게 되면 번역사에게 상당히 많은 재량이 주어져 경우에 따라서는 원문을 파괴에 가깝게 해체하고 완전히 다른 한국어로 만들어 내는 것도 가능하다. 최종적으로 원문이 담고 있는 의도와 고객사의 방향성만 잘 반영되면 되는 것이다. 아마도 모든 종류의 번역을 통틀어 가장 자유도가 높은 번역이 아닐까 싶다. 프로젝트의 규모가 아주 크고 아주 많은 예산이 배정된 경우에는 링기스트(Linguist, 번역, 검수, 프루핑 등의 업무를 하는 직책)가 혼자 작업하는 것이 아니라 에디터, 콘텐츠 디렉터 등이 모두 합세해 카피 하나를 만들어내는 데 하루 꼬박 회의를 이어가는 경우도 있다. 당연하지만 이때에는 모든 인원이 영어와 한국어 양 언어에 대한 이해도가 깊어야 한다.

트랜스크리에이션 작업은 기본적으로 고객사에서 신경을 쓰고 있는 프로젝트인 경우가 대다수이기 때문에 최종 작업물에 높은 수준의 품질을 요하며 피드백도 꼼꼼히 오는 케이스가 많다. 까다로운 작업이지만 창의성을 한껏 발휘할 수 있어 나는 트랜스크리에이션 프로젝트를 좋아하는 편이다. 물론 이런 작업은 성과가 잘 나오지 못하면 책임감이나 낙담도 크다.

문학 번역과 산업 번역이 구분되는 지점은 여기에도 있는 것 같다. 산업 번역은 근본적으로 원문을 쓴 라이터의 의도보다는 고객사의 의도가 더 중요한 작업이다. 그리고 고객사의 목표는 어찌되었든 소비자에게 어필하는 것이기 때문에 의도를 제대로 전달하는 데 심혈을 기울인다. 때문에 번역자나 검수자, 에디터 등 관련된 업무를 수행하는 사람들과 계속해서 소통하며 이해가 필요한 부분에 대해서는 질의(query)를 받고 그에 대한 응답을 제공한다.

하지만 문학 번역은 저자가 알파이자 오메가다. 작가는 자신의 단어 선택에 대해, 문장에 대해, 구두점에 대해 일일이 의도를 설명하지 않는다. 문학의 문장에는 의식적인 의도가 담긴 경우도 있겠지만 직관적으로, 혹은 무의식적으로 영감에 실려 나온 것도 있을 것이다. 의도한 바가 독자에게 가 닿으면 좋지만 독자가 달리 해석해도 좋다. 어느 방향으로 해석되고 어떤 방식으로 소비된다 해도 그 모든 것이 예술적 행위이며 예술을 향유하는 데에는 정해진 방식이 없다. 문학 번역에는 작가에게 질의하는 관행도 없다고 들었다. 그러니 작가의 의도를 해석하는 것이 오롯이 번역자의 몫이 된다. 그리고 어떤 식으로 해석하든 간에 작가의 본래 생각과는 아주 조금이라도 달라질 수밖에 없다. 작가와 번역자는 다른 사람이니까.

그러니 기묘하게도 문학 번역은 직역에 가까운 번역을 하지만 그 와중에 번역자의 자의적인 해석이 반영될 수밖에 없는 것이고, 그로 인해 산업 번역보다는 조금 더 예술에 가까운 행위가 되는 것 같다. 예술이란 어쨌든 고유한 해석이자 표현이니까.

오, 그렇다면 이러한 맥락에서는 문학 번역은 창조 행위이자 예술에 속한다고 볼 수 있을까? 하지만 맹점은 보통 우리가 좋은 번역소설을 읽었을 때 '작품의 예술성이 뛰어나다'라고 생각하지 '번역의 예술성이 뛰어나다'라고 생각하지는 않는다는 것이다. 그걸 판단하려면 원문과 번역문을 비교해서 읽어야 할 텐데 그렇게까지 하는 것 자체가 쉽지 않을 뿐 아니라 두 가지 모두를 (끝까지) 읽는다 해도 그 예술성에 대해 논하려면 양 언어 모두에 대한 이해가 상당한 수준이어야 한다. 더욱 치명적인 것은, 원문과 번역문을 동시에 읽는 순간 번역문의 존재 가치가 훼손된다는 것이다. 번역문을 읽고 원문도 읽어야 하다니? 그럴 거면 애초에 번역을 뭐 하러 하겠는가? 그러니까 번역의 예술성을 판별하려는 행위 자체가 번역의 본질과 목적성을 해치는 셈이다.

어찌 되었든 예술의 정의를 아주 폭넓게 두는 경우 번역도 예술이 안 될 것은 없을 것 같다. 다만 상당히 독특한 성격의 예술이 될 것이며, 모든 이들이 그 분류 방식에 동의하지는 않을 것이다.

만약 예술성이라는 것이 딱 그어지는 두꺼운 선이 아니라 무지개의 색깔처럼 일곱 가지나 다섯 가지로 보이기도, 때론 서너 가지로 보이기도 하는 희미하게 번진 형태라면 문학 번역에 있어서는 그 색깔이 조금 짙고 산업 번역에 있어서는 조금 옅은 느낌이 아닐까 생각하게 된다.

다시 기능성과 심미성에 대한 주제로 돌아가 보자. 디자인이든 번역이든 예쁜 것은 좋다. 예쁘면 예쁠수록 더 좋을 것이다. 눈을 사로잡는 디자인을, 심상을 남기는 글을 싫어하는 사람은 없다. 하지만 심미성이 기능성을 해치면 좋은 디자인이라고 하기 어렵다고 했던 디자이너의 말처럼 번역 또한 문장의 아름다움이 원문을 해치게 된다면 그것은 좋은 번역이라 하기 어려울 것 같다.

번역사들 중에 간혹 한국어 작문 실력이 뛰어나 굉장히 아름다운 윤문을 하는 사람들이 있다. 소설에서 튀어나온 문장이 아닐까 싶을 정도다. 문제는 윤문이 지나쳐 번역문의 가독성과 이해도를 해치는 것이다. 속단하고 싶지는 않지만 번역업에 뛰어든 지 얼마 되지 않아 의욕이 왕성하고 멋진 번역을 해내고 싶은데 아직 경력이 부족하여 좋은 번역에 대한 본인의 기준이 명확하지 않은 케이스일 때가 많다. 모르긴 몰라도 평소에 책 읽기를 즐겨 미문에 대한 애정도 있지 않을까 싶다.

일반적으로는 멋진 문장이 평범한 문장보다 낫다고 생각하기 쉽지만 안타깝게도 이런 상식이 모든 상황에 적용되는 건 아니다. 윤문이 번역문에 방해가 되는 일례를 들자면, 게임 아이템 설명문인데 원문에 습관적으로 들어간 형용사를 하나하나 유려하게 살리느라 한국어가 직관적으로 이해되지 않는다고 생각해 보자. 게임의 유저 입장에서는 설명이 한 번에 이해되지 않으면 짜증이 날 수밖에 없다. 또는 윤문이 권장되는 상황이라 해도 그 정도가 지나칠 수도 있다. 디자인의 예를 접목해 보자면 서체의 디자인이 너무 뛰어나 눈을 떼지 못할 정도로 황홀하지만 무슨 글씨인지 읽기 어려운 것을 상상해 보자. 번역이 그런 식으로 되었다면 결과적으로 기능성에 있어 실패한 번역이 되고 말 것이다. 이러한 케이스는 대부분 원문의 맥락이 윤문을 하기 적절한가 아닌가, 혹은 그 윤문의 정도가 어느 정도여야 기능성을 해치지 않는가를 판단해야 할 때 그 숙련도가 아직은 좀 떨어지는 경우이다.

번역은 글에서 시작해 글로 끝나기 때문에 글이 의도를 전달하지 못한다면 그걸로 끝이다. 흔히들 말하는 '예쁜 쓰레기'조차 되지 못한다. 공과 시간을 상당히 들였는데도 큰 고민 없이 기계적으로 직역한 번역보다도 못한 결과물이 되어버리는 거다. 초년생 번역사의 작업을 검수하다 이런 번역을 보게 되면 얼마나 많은 고민과 시간을 쏟았을까, 마음으로 안타까워하면서 손으로는 키보드의 딜리트 버튼을 누르게 된다. 당연히 이런 시행착오를 겪으면서 노련한 번역사로 거듭나는 것이지만, 만약 의미에 집중한 밋밋한(밋밋해 보이는) 번역문과 멋지고 그럴듯한 번역문 사이에서 고민에 빠진 저연차 번역사라면 주저 없이 전자를 택하시라고 조언하고 싶다. 그 단순해 보이는 디터 람스의 디자인이나 조선 백자의 달항아리가 오래도록 사랑받는 데에는 다 이유가 있는 법이다.

그렇다면 한 발짝 더 나가서 조금 실용적인 이야기를 해볼까 한다. 과연 번역의 기능성을 제대로 챙기는 건 어떻게 할 수 있을까? 그리고 심미성은 어디까지 발휘하면 좋을까?

이런 방향성이 고민될 때는 항상 큰 그림을 보며 근본적인 질문을 던지는 것이 도움이 된다. 그러려면 '좋은 번역을 하고 싶다'거나 '역량 있는 번역사가 되겠다'는 생각은 접어 두어야 한다. 그런 생각이 나쁘다는 것이 아니다. 적절한 야망은 발전에 도움이 되지만 이런 생각을 품고 텍스트를 접하게 되면 컴퓨터 화면 속의 텍스트에 얽매이게 된다. 번역문을 멋지게 만들어 나의 역량이 드러나게 하고 싶은 욕심이 비춰질 수밖에 없는 거다. 그 함정에 빠지면 결과적으로 좋은 번역에서 멀어지게 된다. 야망은 일할 땐 미뤄두었다가 업무가 끝나고 개인적으로 공부를 할 때 필요한 열정의 땔감으로 사용해야 한다.

그러면 번역의 큰 그림, 근본적인 질문이란 무얼까? 말하자면 '눈 앞의 이 텍스트를 왜 번역해야 하는가'이다. 이 작업을 보낸 고객사가 무엇을 원하여 이 프로젝트를 하고 있는 것인가, 번역문을 보게 될 사용자·소비자는 무엇을 원할까에 대한 큰 그림이다.

제일 먼저 생각해야 될 것은 번역의 도착지가 아니라 출발지다. 어쨌든 번역사는 구조적으로 을이 될 수밖에 없기 때문에 먼저 프로젝트를 준 고객사의 니즈를 먼저 고려해야 한다. 너무 소비자의 입장에서, 팬의 입장에서만 생각해도 안 된다. 고객사가 만족해야 대금을 받고 밥벌이도 하는 것 아니겠는가? 이 고객사의 업계 포지션과 해당 업계의 업황, 그들이 지향하는 톤을 감안하여(이를 위해선 당연히 사전 조사가 간단하게라도 선행되어야 한다) 그것을 염두에 둔 채 원문을 읽어야 고객사가 추구하는 방향성과 나란히 갈 수 있다. 그 다음으로 읽는 사람의 입장을 생각해야 한다. 게임이라면 내가 유저가 되었다고 상상하며 이 텍스트를 화면에서 보았을 때 어떤 것이 제일 필요할지, 무엇을 느끼고 싶을지 고려하면 어렵지 않다. 고급 전자기기 광고 영상이라면 소비자로서 어떤 자막이 깔린 영상을 보았을 때 구매욕이 들지 상상해 보면 된다. 타깃이 명확하게 정해져 있어 관련 업계 사람들만 보게 되는 문서라면 전문적인 용어나 러프한 음역이 잔뜩 들어가도 상관없을 것이다.

그렇게 이 원문의 출발점과 도착점을 그리며 머릿속에 이미지화해 보면 어떤 방향으로 번역해야 할지 윤곽이 잡히고 쓸데없는 개인적 욕심—내 번역 역량을 보여주고 싶다는—이 한발 물러서게 된다. 한 번 윤곽을 그리고 나면 윤문이나 예술성을 어디부터 어디까지 발휘할 수 있을지 대한 범위도 명확해진다. 올바른 곳에서 출발해 올바른 곳으로 도착할 수 있다면 그 범위 내에서는 하고 싶은 대로 해도 되는 거다.

기본적으로 번역을 꿈꾸는 사람이라면, 번역을 하고 있는 사람이라면 크든 작든 간에 예술가 자아가 어느 정도 있지 않을까 생각한다. 번역사는 아주 흔한 직업은 아니다. 모든 사람이 다 하고 싶어 하는 일도 아니다. 이런 업을 해보겠다고 뛰어든 데에는 누구에게나 나름의 이유가 있겠지만 많은 경우 좋은 번역, 훌륭한 번역을 하고 싶다는 마음이 있을 것이다. 그런 마음은 자연스러운 것이고 권장할 만한 것이지만 예술가 자아는 때때로 직업인으로서의 도리를 해칠 때가 있다. 예술가 자아란 것은 필연적으로 자기도취적이고 자기중심적일 수밖에 없다. 나를 드러내고 싶고 인정받고 싶은 것이다. 하지만 슬프게도 우리는 살바도르 달리도 아르튀르 랭보도 아니다. 그리고 번역은 궁극적으로 나 자신을 위한 것도 아니다. 번역을 이용할 주체는, 그 도착점은 이미 정해져 있다.

그러니 오래 오래 번역과 함께 하기 위해서는 꾸준히 성실하게 직업인으로서 선을 지켜나가는 수밖에 없다. 그 선이 무지개의 색깔처럼 희미하게 뭉개진 것이라 해도 뭉그러진 선이 있기는 있다. 그 윤곽을 가만히 짚어나가다 보면 번역의 기능을 충실히 지키면서 이 모호한 예술성과도 재미있게 어울릴 수 있는 어떤 지점을 찾을 수 있게 되지 않을까, 그렇게 생각해 본다.

김재연
현역 번역가

PHILOTRANS

번역, 그 불완전한 창조적 여정

> 첫 번째 건너가기에서 번역가는 원작자의 세계를 깊이 이해하고 이를 독자의 세계로 재창조하는 과정을 거친다. 그러나 이 재창조는 단순히 원작자의 의미를 옮기는 것에 그치지 않는다. 번역가는 두 번째 건너가기를 통해, 원작자가 가진 깊이와 의미를 독자의 사고방식과 문화를 고려하여 새롭게 형성된 형태로 전달해야 한다. 이는 원작의 진정성을 유지하면서도 독자의 문화적 맥락에 맞는 방식으로 전달될 수 있도록 하는 창조적인 과정이다.

요즘처럼 날씨가 쌀쌀해지면, 나는 거실에서 트레드 밀을 달리며 철 지난 영화를 보는 재미에 빠진다. 특히 스토리 전개가 빠르고 긴장감 넘치는 블록버스터는 달릴 때 제격이다. 나는 영화광이지만 은근히 대중적 흐름에 역행하는 경향이 있어서, 많은 사람들이 즐긴 히트작들을 뒤늦게 보거나, 아예 놓치는 경우가 종종 있다. 얼마 전에는 키아누 리브스와 산드라 블록 주연의 1994년 작 「스피드Speed」를 이제야 봤다. 삼십 년 전 젊고 생기 넘치는 배우들의 모습이 눈길을 끌었고, 멈추면 폭발하는 버스가 도시를 질주하며 벌어지는 사건은 보는 내내 흥미진진했다.

가장 손에 땀을 쥐게 한 장면은 버스가 끊어진 도로 구간을 만나는 장면이었다. 일정 속도 이하로 떨어지면 터지게 설계된 폭탄이

장착된 버스는 절대 멈출 수가 없다. 끊어진 간극을 어떻게든 건너가야만한다.

끊어진 다리 밑으로 추락하느냐!
건너편으로 무사히 넘어가느냐!

이 아찔한 순간은 번역가가 마주하는 절벽과 닮았다. (물론, 통역도 마찬가지다) 번역가는 '단순한 의미 변환'으로는 두 언어 사이의 간극을 뛰어넘을 수 없음을 깨닫는다. 영화 속 버스처럼, 추락의 위험을 감수하면서 날아올라야한다.

창조적 '건너가기'로서의 번역

번역가는 숙명적으로 두 번의 '건너가기'를 감행해야 한다. 첫 번째 건너가기는 원작자가 속한 세계로부터 시작한다. 언어는 개별 인간과 인간을 연결하는 다리이지만, 그 다리는 불완전하다. 같은 언어를 사용하는 사람들 사이에서도 각자의 고유한 세계는 미묘하게 다르고, 이를 온전히 옮기는 것은 언제나 한계가 있다. 하물며 서로 다른 언어로 의미를 전달하는 번역에서는 이 간극이 훨씬 더 깊고 넓어진다. 이는 언어가 단순히 단어와 문법의 집합체가 아니라, 그 밑바탕에 각기 다른 문화, 역사, 사고방식의 틀이 자리 잡고 있기 때문이다.

담수어와 해수어가 같은 물속에서 숨 쉴 수 없는 것처럼, 언어의 세계에도 그러한 차이가 존재한다. 아무런 준비 없이 그 차이를 뛰어넘으려 한다면, 숨이 막힐 수밖에 없다.

첫 번째 건너가기에서 번역가는 원작자의 세계를 깊이 이해하고 이를 독자의 세계로 재창조하는 과정을 거친다. 그러나 이 재창조는 단순히 원작자의 의미를 옮기는 것에 그치지 않는다. 번역가는 두 번째 건너가기를 통해, 원작자가 가진 깊이와 의미를 독자의 사고방식과 문화를 고려하여 새롭게 형성된 형태로 전달해야 한다. 이는 원작의 진정성을 유지하면서도 독자의 문화적 맥락에 맞는 방식으로 전달될 수 있도록 하는 창조적인 과정이다. 이 두 번째 건너가기를 통해, 번역가는 그 간극을 넘어, 서로 다른 두 세계를 이어주는 중요한 역할을 한다.

이 간극을 극복하기 위해 번역가는 원작자가 담은 본질적 의미와 정서를 독자에게 전달하기 위해 때로는 창조적 감각을 동원해야 하고, 때로는 자신의 사고방식과 관점을 비우며 공백의 상태에서 다시 시작해야 한다. 언어 간의 간극을 '건너가기'를 통해 새로운 다리를 놓는 것이다. 따라서 번역은 서로 다른 세계가 만나고 대화하는 지점에서 이루어지는 '건너가기'의 예술이다.

번역의 불가능성

이 '건너가기' 과정에서 언어의 표현 가능성과 불가능성에 대한 깊은 이해가 필요하다. 글쓰기 교본의 고전 『문장강화(1940)』에서 저자 이태준은 "완전한 번역은 영원히 불가능하다"는 결론을 낸 바 있다.

"말은 사람이 의사를 표현하려는 필요에서 생겨난 것이다. 그러나 사람의 의식 속에서 있는 것을 무엇이나 다 표현해내는 완전한 능력은 없는 것이다…. 거의 세계어인 영어에서도 'inexpressible'이니 'beyond expression'이니 하는 류의 말이 얼마든지 쓰이는 것을 보면 세계 어느 언어나 표현 불가능한, 어두운 일면은 다 가지고 있는 것으로 짐작할 수 있다. 그런데 이 표현할 수 있는 면과 표현할 수 없는 면이 언어마다 같지 않다. 이 언어엔 '그런 경우의 말'이 있는데 저 언어엔 그런 말이 없기도 하고, 저 '그런 경우의 말'이 있지만 이 언어엔 없기도 하다. (중략) 어느 언어든 표현할 수 있는 일면과 아울러 표현할 수 없는 일면도 가지고 있다는 것, 그리고 이 표현할 수 없는 면은 언어마다 달라서 완전한 번역이란 영원히 불가능하다는 사실쯤은 알아야겠다."

— 『문장강화』 이태준

우리말에 영어로 정확히 대응하는 단어가 없는 경우를 예로 들어 보자. 익히 알려진 정, 한(恨), 흥(興), 눈치 외에도 많은 단어들이 있다.

정 A deeply emotional connection or bond that develops over time, encompassing **love, loyalty, affection, and shared experiences.**

한 A complex cultural emotion combining **sorrow, resentment, regret, and hope,** often described in paragraphs rather than a single word.

흥　A sense of excitement, joy, or rhythm in music, performance, or life, often inadequately translated as fun or excitement.

눈치 The subtle art of reading the room, picking up on unspoken cues, and acting appropriately; there's no direct English equivalent.

답답하다　A feeling of frustration, suffocation, or helplessness, often used for emotional or physical situations.

아깝다　A feeling of regret for something wasted, like money, time, or effort, hard to translate succinctly.

속풀이　The act of venting emotions to feel better, which doesn't have a concise English equivalent.

희망고문　The emotional pain of holding onto false hope; no direct English word exists.

어이없다　A feeling of being dumbfounded or flabbergasted in a situation where no words suffice.

얼큰하다　A specific spiciness that feels warm and satisfying, often used for soups, with no direct English equivalent.

품위 A blend of dignity, grace, and prestige, hard to capture fully in a single English word.

뻔뻔하다 Describes someone who is shameless in an unapologetic or audacious way, often requiring context to translate.

시원하다 Describes physical or emotional relief, freshness, or coolness, but doesn't directly map to "refreshing" in all cases.

정성 A heartfelt dedication or sincere effort put into something, often rendered as devotion or care, which feel incomplete.

알뜰하다 Frugal, but in a positive and conscientious way, lacking the negative connotation of "cheap."

의리 A deep sense of loyalty and obligation, often between friends or within a group, with no direct equivalent in English.

이러한 단어들은 한국인들의 집단적 정서를 반영하며, 영어 단어 하나로는 담아낼 수 없는 복합적인 뜻을 품고 있다. 이를테면 '한 (恨)'은 영어의 sorrow, resentment, regret, hope를 모두 합쳐야 그 무게가 비슷해진다. 한국어가 가진 독특한 정서를 영어 단어 하나로 담아내는 일이 얼마나 어려운지를 단적으로 보여주는 예다.

반대 경우도 마찬가지다.

'완전한 번역은 불가능하다'는 전제는 언뜻 보면 번역의 한계를 시인하고, 번역가의 모든 시도를 무력하게 만드는 것처럼 보인다. 하지만 언어의 불완전성을 직시하고 받아들이는 순간, 번역가는 단순한 중개자를 넘어선다.

"그런데, 언어에는 못 표현하는 면이 으레 있다 해서 자기의 표현욕을 쉽사리 단념할 바는 아니다. 산문이든 운문이든 언어에 대한 문장가들의 의무는 실로 이 표현할 수 없는 어두운 면을 타개하는 데 있을 것이다. 눈매, 입 모양, 어깻짓 하나라도 표현은 발달하고 있다. 언어문화만이 이 어두운 면을 그대로 가지고 나갈 수는 없다. 훌륭한 문장가란 모두 말의 채집자, 말의 개조/제조자들임을 기억해야한다.“

— 『문장강화』 이태준

번역가는 언어의 어두운 면, 즉 표현되지 못한 세계를 타개하려는 끊임없는 시도를 통해 새로운 가능성을 찾아낸다. 원작자의 말 속에 담긴 숨결, 뉘앙스, 그리고 형언할 수 없는 정서를 포착해 독자의 세계로 가져오는 과정은 곧 창조적인 여정이다.

같은 텍스트라 하더라도 번역가에 따라 각자의 관점과 스타일에 따라 작품의 결을 새롭게 직조해낸다. 어떤 번역가는 단어 하나에 담긴 원작자의 고뇌에 집중한다면, 또 다른 번역가는 그 고뇌를 넘어선 희망의 색채를 부여할 수 있다.

이렇게 번역가는 이태준 선생의 말 그대로 '문장의 채집자'이자 '말의 개조자, 제조자'가 된다. 언어라는 도구의 한계를 넘어서는 과정을 통해 독자가 또 다른 방식으로 원작을 느낄 수 있게 해준다. 그가 만들어내는 번역은 '복제'가 아닌 새로운 '작품'으로 태어난다.

'완전한 번역은 불가능하다'는 전제는 오히려 번역가에게 날개를 달아주는 셈이다.

인간의 '온기'를 품은 번역

그렇다면 AI 시대에도 '건너가기를 감행하는 번역가'의 역할은 있을까? 기술문서나 단순한 언어 변환 작업에서는 이미 번역기가 많은 역할을 대신하고 있다. 하지만 번역기가 인간 번역가를 완전히 대체하기는 어려울 것이다. 예를 들어, 문학 번역의 영역은 어쩌면 번역기가 영원히 인간 번역가의 수준에 도달하지 못할지도 모른다. 문학 번역은 감정과 정서를 담아내는 작업이기 때문이다. 기계 번역으로는 원작자의 깊은 의도를 이해하거나 독자의 감성을 자극하기 어렵다.

쉬운 예로, "She was extremely beautiful"이라는 구절을 번역기에 돌리면 "그녀는 매우 아름다웠다"라는 결과가 나온다. 틀린 번역은 아니다. 사전적 정의로 봐도 적절하고 의미 전달도 된다. 하지만 인간 번역가는 그 너머를 본다.

"여자는 더없이 아름다웠다."

일단 우리말에서는 인칭 대명사를 즐겨 쓰지 않는다. 특히 구어체에서는 "그 사람 어땠어?"라고 묻지 "그녀는 어땠어?", "그는 어땠어?"라고 말하지 않는다. 또한, "매우"라는 부사 역시 그 자체로 문장의 매력을 돋보이게 하기엔 부족하다. 반면, "더없이"라는 표현은 단어 하나로 아름다움의 절정을 전달하며, 독자로 하여금 '얼마나 아름답길래..'라는 상상을 자극한다.

또 다른 예로,

"Tears brimmed in his eyes"를 번역기에 넣으면 "그의 눈에는 눈물이 가득했다"로 번역된다.

이 번역을 "남자의 눈에는 그렁 그렁 눈물이 맺혔다"라고 표현하면 어떨까? 눈앞에 당장이라도 눈물을 쏟을 것만 같은 남자가 그려지지 않는가?

이것이 바로 AI번역기가 범접할 수 없는 인간 번역가의 힘이다. 번역가는 단순히 사전적 정의를 나열하지 않는다. 언어를 넘어 문화적 맥락과 뉘앙스, 그리고 원작자가 숨겨놓은 작은 감정의 결까지도 읽어내고, 이를 다른 언어로 재구성한다. 번역가가 문장 하나를 옮기기 위해 선택한 단어와 표현에는 그가 품은 고유의 해석과 인간적인 따스함이 스며 있다.

따라서 훌륭한 번역가는 AI번역기와 경쟁할 것이 아니라, 기계번역이 도달할 수 없는 영역에서 독자와 소통하는 예술가로 자리 잡아야 한다. 번역의 본질은 단순한 변환이 아니라, 언어와 문화, 그리고 인간적인 감정을 엮어 새로운 세계를 만들어내는 것이다. 이것이 번역가가 지닌 진정한 힘이며, AI번역기가 결코 대체할 수 없는 인간 번역가의 존재 이유다.

"우리는 언어로 연결되어 있습니다"

2024년, 한국인 최초로 노벨문학상을 수상한 한강은 자신의 작품을 여러 언어로 번역한 50여 명의 번역가들에게 감사의 뜻을 전하며 이렇게 말했다. 작가의 대표작 『소년이 온다』는 무려 28개 이상의 언어로 번역되어 세계 곳곳의 독자와 만났다. 이처럼 번역은 서로 다른 언어와 문화를 잇는 다리이며, 그 다리를 놓는 번역가들은 작품의 진정성과 감동을 다른 언어로 온전히 전달하기 위해 치열한 고민과 노력을 기울인다.

때로는 작가보다도 깊은 독서를 하는 것이 바로 번역가다. 어떤 작가들은 탈고 후 자신의 책을 다시 펼쳐보지 않는다고 한다. 하지만 번역가는 그 한 문장, 한 단어에 담긴 의미와 뉘앙스를 완전히 이해하기 위해 원작에 몰입한다. 원작의 문장 하나하나를 애정 어린 시선으로 따라가며, 이를 다른 언어로 재탄생시키는 과정에서 번역가는 누구보다도 진지하게 텍스트와 대면한다. 이는 읽는 것을 넘어 원작을 다시 쓰는 창작의 여정이다.

나 역시 몇 권 되지 않는 책을 번역한 경험이 있지만, 그 과정은 예상보다 훨씬 '강렬'했다. 번역이 대체로 정적인 작업일 것이라 생각했던 것은 큰 착각이었다. 번역 작업은 마치 몰입의 바다에 몸을 던지는 것처럼, 모든 감각을 침잠하게 한다. 원작자는 바로 앞에서 힘차게 돌을 강물 위로 던지고, 나는 그 돌을 하나하나 딛고 건너면서, 마침내 저 건너편에 있는 독자와 만나는 여정을 시작한다. 어떤 문장은 거센 물살처럼 나를 휘감고, 어떤 단어는 잔잔히 표면 위로 떠오르며, 새로운 의미를 발산한다.

번역은 그 자체로 창조적인 독서이자, 깊은 공감의 작업이다. 한강 작가의 말처럼, 저자와 번역가, 그리고 독자는 언어라는 다리를 통해 연결되어 있다. 저자가 던진 이야기의 돌은 번역가를 통해 언어라는 강을 건너고, 독자에게 새로운 형태로 닿는다.

번역이라는 신기한 여정 번역은 완벽을 추구하면서도 그 과정에서 필연적으로 발생하는 오류를 창의력으로 채우는 작업이다. 번역가는 원작의 매력을 살리면서도 새로운 언어 속에서 독자들에게 또 다른 매력을 선사하는 언어의 디자이너이자 요리사다. 재료는 같아도 결과물은 달라지기 마련이다.

어쩌면 번역은 만국 공통의 내비게이션 오류 같은 여정이다. "재설정 중입니다!"라는 메시지가 반복되며 예상치 못한 길로 안내하더라도, 결국 목적지에 도달하게 만든다. 그 과정에서 우리는 새로운 보물, 즉 예상하지 못했던 통찰과 가능성을 발견한다. 마치 엉킨 뜨개

실 속에서 새로운 무늬를 떠올리는 순간처럼, 번역의 어려움은 창조로 이어진다.

기계 번역이 아무리 정교해져도, 인간만이 담을 수 있는 따뜻한 뉘앙스와 '소울'을 담은 번역은 여전히 사람의 '숨결'이 필요하다. 번역가는 단순히 문장을 옮기는 사람이 아니라, 원작의 감정과 의미를 재구성하며 퍼즐을 맞추는 모험가다. 끝없이 시행착오를 겪는 과정에서조차, 번역가는 "오류를 사랑하라!"는 정신으로 텍스트와 대면한다.

결국 번역은 그 불완전함 속에서 서로 다른 세계를 이어주며, 창조적 가능성을 여는 신기한 여정이다.

송정화
한영 국제회의 통역사 | 전문 번역가 | 브런치 작가

PHILOTRANS

그럼에도, 우리는 번역한다

> 간간이 글을 쓰며 지내기 시작한 지도 어언 4년. 주변인들로부터 본인이 쓴 자기소개서를 한번 평가해 달라거나, 제법 그럴듯하게 보이도록 다듬어 줄 수 있겠냐는 부탁을 왕왕 받고는 한다. 그 배경이야 저마다 다양하다. 더 나은 미래를 위해 대학원에 진학해야 해서, 직장 내에서 진급할 수 있는 기회가 모처럼 찾아와서, 혹은 마침내 새로운 일자리를 구해야만 하는 시기가 와서.

"혹시 이번에 쓴 자기소개서 좀 봐줄 수 있어? 진짜 중요한 거거든."

간간이 글을 쓰며 지내기 시작한 지도 어언 4년. 주변인들로부터 본인이 쓴 자기소개서를 한번 평가해 달라거나, 제법 그럴듯하게 보이도록 다듬어 줄 수 있겠냐는 부탁을 왕왕 받고는 한다. 그 배경이야 저마다 다양하다. 더 나은 미래를 위해 대학원에 진학해야 해서, 직장 내에서 진급할 수 있는 기회가 모처럼 찾아와서, 혹은 마침내 새로운 일자리를 구해야만 하는 시기가 와서.

그들이 부탁을 하며 멋쩍게 꺼내는 이야기는 대개 몇 가지로 정해져 있다. 너는 대학 시절에 국문학을 공부했으니까, 글 쓰는 걸로 돈까지 버는 사람이니까, 어쨌거나 오랫동안 꾸준히 무언가를 쓰고 있는 사람이니까.

그다지 어려운 부탁은 아니기에, 그리고 솔직히 이야기하자면 다른 사람의 자기소개서를 읽어 본다는 것은 꽤 재미있는 일이기에, 웬만해선 그 요청을 들어주는 편이지만 곰곰이 생각해 보면 이는 자못 이상한 일처럼 여겨지기도 한다. 자기소개서라 함은 문자 그대로 자기 자신을 소개하는 것을 목적으로 하는 글인데, 본인의 배경이나 가치관 등을 서술하는 글의 완성을 어떻게 다른 사람에게 일임할 수 있는 것일까? 본인에 대해 가장 잘 알고, 본인을 가장 잘 설명할 수 있는 사람은 다름이 아니라 그들 자신일 텐데, 어째서 그들은 그렇게 중요한 일을 타인에게 부탁하려 하는 것일까?

번역(飜譯)

[명사] 어떤 언어로 된 글을 다른 언어의 글로 옮김.

자기소개서를 받은 나는 지나치게 장황한 문장들을 보다 간략한 형태로 다듬고, 다소간의 자의식 과잉으로 여겨질 수 있는 일부 표현들에 약간의 수정을 가하며, 몇몇 단어들을 한층 전문적인 인상을 줄 수 있는 다른 단어로 대체하기도 한다. 일반적으로 '첨삭' 내지는 '윤문' 등의 표현으로 일컬어지는 과정이지만, 가끔씩은 이러한 과정 또한 어쩌면 '번역'의 일부로 취급할 수 있지 않을까 하는 생각이 들 때가 있다. 거칠고 투박한 언어를 조금이나마 고상하고 세련된 형태의 새로운 언어로 옮기는 작업. 그렇게 생각한다면 많은 사람들이 자신의 자기소개서를 이처럼 타인에게 맡기려 하는 것도 반드시 이상한 일만은 아닐 것이다. 서로 다른 두 가지 언어 사이를 능숙히 오가며 적절히 변환하는 일에 익숙한 사람이 아니라면, 그 번역 작업을 다른 이에게 일임하는 것은 꽤 자연스러운 현상이기 때문이다.

한층 다듬어진 자기소개서를 건네받은 이들은 곧잘 다음과 같은 감사 인사를 전하곤 한다.

"고마워! 내가 쓰고 싶었던 게 딱 이런 느낌이었는데 …."

혹자는 같은 한국어 간의 번역이라니 이 무슨 어불성설이냐고 이야기할 수도 있겠지만, 원문에 담긴 의도와 내용을 그대로 보전하면서 그 텍스트를 다른 형태의 언어로 옮기는 작업을 번역이라 칭하지 못할 이유는 또 무어란 말인가. 애초에 번역이란 무엇일까? 원문에 쓰인 표현들의 사전적 의미를 파악하고, 그것과 동일한 의미를 지닌 다른 표현을 찾아 텍스트를 단순 치환하는 형식의 일차원적인 작업에 불과했다면, 우리가 번역이라는 행위를 이토록 신성히 여겨야 할 이유 또한 존재하지 않았을 것이다.

우리는 이따금 어색한 문어체로 구성된 영화 자막을 보며 기묘한 불쾌함을 느끼기도 하고, 동일한 작품을 서로 다르게 번역한 다수 출판사의 텍스트를 비교하며 종종 그 완성도의 우열을 가려 보기도 한다. 이는 번역이 단순한 텍스트 치환 작업이 아니라, 그보다 훨씬 고차원적인 무언가를 요구하는 까다로운 작업이라는 인식이 우리 사고의 기저에 이미 깔려 있기 때문이라고 이야기할 수 있을 것이다.

이상적인 형태의 번역을 진행하기 위해서는 출발어의 사전적 의미와 맥락을 모두 이해하고, 해당 텍스트에 담긴 의도와 내용을 손상시키지 않으려 노력하는 동시에, 도착어를 사용하는 이들의 이해를 돕기 위한 다양한 문화적·사회적 배경 또한 적절히 고려해야 한다. 번역이란 결국 단순히 두 개의 언어만을 매개하는 단조로운 작업이 아니라, 그 언어의 사용자들, 그리고 그들의 문화권 또한 원활히 매개해야만 하는 중책을 떠안고 있는 실로 복잡한 과정이기 때문이다.

자기소개서 이야기로 다시 돌아오자면, 나 역시 그들의 텍스트를 번역하는 과정에서 도착어 사용자들의 입장을 신중히 고려해야만 하는 처지에 곧잘 놓이곤 했다. 물론 이 상황에서의 도착어 사용자는 대학이나 회사에 소속되어 있는 면접관이나 인사 담당자 등이 될 것이다. 너무 젠체하는 것 같다는 인상을 주지 않으면서도 그동안의 화려한 이력을 적절히 내세울 수 있어야 하고, 본인만이 지닌 강점에 대해 상당한 자부심을 가지고 있다는 사실을 드러내면서도 겸손의 미덕을 잘 아는 듯한 모습을 보여야 했다. 인사 담당자들은 대개 그러한 지원자들을 좋아하니까.

나름의 숙고 끝에 완성된 자기소개서 번역본을 건네받은 나의 지인들은 상술한 바와 마찬가지로 대부분 고맙다는 인사와 함께 상당히 만족스러운 듯한 반응을 보였지만, 애석하게도 예외 사례는 항상 존재하는 법이었다. 모든 번역이 항상 이상적인 결과만을 낳을 수는 없는 노릇이니, 어찌 보면 이는 지극히 숙명적인 현상이라고도 이야기할 수 있을 터였다.

"글이 훨씬 깔끔하고 보기 좋아지긴 했는데, 이 부분은 내가 생각했던 의도랑은 조금 달라진 것 같아서 …. 네 생각은 어때?"

이런. 도착어 사용자들의 입장을 지나치게 배려한 나머지 저자의 본래 의도를 다소 왜곡해 버리는 사례가 발생하고 만 것이다. 사실, 자기소개서의 경우 진급이나 입사와 같이 구체적인 목적을 지니고 있는 특수한 사례라는 점에서 다소간의 왜곡 정도는 참작될 여지가 있겠으나, 불특정 다수의 독자에게 평가받을 것을 상정한 채 진행되는 논문이나 단행본 따위의 번역에서 저자와 도착어 사용자 모두의 입장을 완벽히 만족시키기란 여간 골치 아픈 일이 아닐 수 없다.

혹자는 도착어 사용자들의 원활한 이해를 돕기 위해 본래 텍스트에 적절한 의역을 가미할 수도 있고, 또 다른 누군가는 원문의 본래 의미를 그대로 전달하기 위해 직역에 가까운 번역을 고수하며 그에 따른 간단한 형태의 주석이나 해설을 덧붙일 수도 있다. 두 방식의 우열을 명백히 가리려 하는 짓은 무의미한 행위일 것이다. 두 가지 번역 방식 모두 저자의 본래 의도를 독자들에게 그대로 전달하는 데 최대한 충실하고자 노력하고 있을 따름이기 때문이다. 전자는 도착어 사용자들 역시 출발어 사용자들과 마찬가지로 이차적 사고를 거치지 않고 해당 표현을 직관적으로 이해할 수 있어야 한다는 판단에 무게를 실었을 뿐이고, 후자는 원문의 텍스트에 포함된 본래의 사전적 의미 또한 독자들에게 온전히 전달되어야만 한다는 원론적인 판단에 조금 더 비중을 두었을 뿐이다.

어느 방식을 고수하는 것이 저자와 독자 모두를 만족시키는 데 있어 더욱 효과적인지는 일률적인 잣대로 평가할 수 없다. 출발어와 도착어 중 어느 쪽에 중점을 두고 번역을 진행하는 것이 더 이상적인 형태에 가까운가에 관한 논쟁은 많은 이들 사이에서 꽤 오랜 시간 동안 꾸준히 이어져 오고 있다.

다만, 저마다의 신념이나 생각과는 별개로, 번역의 완성도에 대한 대중적 평판을 좌우하는 것은 대개 번역본을 접하는 이들 중 상대적 다수를 차지하고 있는 도착어 사용자들이라는 사실을 마냥 간과할 수도 없는 노릇이다. 실제로 대중들은 원문의 의미나 뉘앙스를 크게 훼손하지 않는 선에서 자신들의 이해를 돕기 위한 다소간의 의역은 대부분 너그럽게 용인하는 듯한 모습을 보인다. 개중 일부는 심지어 원문의 사전적 의미가 일정 부분 왜곡된다고 하더라도, 해당 방식의 번역이 도착어 사용자들의 문화권이 형성한 보편적 소비 취향에 부합하기만 한다면 오히려 그러한 왜곡을 선호하는 듯한 모습을 보이기도 한다.

どうでもいいような夜だけど

(도데모 이이 요나 요루다케도)

imase 'NIGHT DANCER' 中

또 때론 의미 없는 밤이더라도

imase 'NIGHT DANCER (Korean Ver.)' 中

2023년, 소셜 미디어상에서의 챌린지 열풍과 함께 국내에서 커다란 인기를 끌었던 제이팝 뮤지션 imase의 곡 'NIGHT DANCER'가 비교적 친근한 사례로서 우리에게 다가올 수 있을 것이다. 일본에서 처음 발매된 곡 'NIGHT DANCER'는 대한민국에서의 선풍적 반응에 힘입어 모든 가사가 한국어로 변환된 새로운 버전의 음원이 제작되기도 했는데, 해당 곡에서 이루어진 가사 번역은 당시 수많은 청자들로부터 제법 긍정적인 반응을 이끌어 낸 바 있다.

　　소위 이야기하는 '초월 번역'이라는 찬사를 받으면서까지 가장 많은 호평을 받았던 구간은 다름이 아니라 '또 때론 의미 없는 밤이더라도'라는 후렴구의 도입 가사인데, 해당 구간은 일본어 원문인 'どうでもいいような夜だけど(도데모 이이 요나 요루다케도)'에 담긴 의미를 크게 해치지 않으면서도, 일본어 발음의 음절 수 또한 그대로 유지시키며 원곡이 지닌 느낌을 가능한 유사하게 구현하는 데 성공했기 때문이다.

　　사실 'どうでも(도데모)'의 사전적 의미를 고려한다면, 해당 문장은 '어찌 되든 좋을 듯한 밤이지만', '아무래도 좋을 것 같은 밤이지만' 등으로 번역하는 편이 비교적 자연스럽겠지만, 'NIGHT DANCER(Korean Ver.)'는 원문이 지닌 의미를 다소간 변형하는 대신 'どうでも(도데모)'와 '또 때론'의 동일한 음절 수, 그리고 두 표현 사이 발음의 유사성 등을 고려하여 대중들이 노래를 흥얼거리기에 조금 더 용이한 결과물을 탄생시킬 수 있으리라 판단되는 지금의 번역 방식을 택했다.

물론 절대 다수의 긍정적 반응이 언제나 해당 번역의 완성도 혹은 완벽함을 대변하는 것은 아니다. 도착어 사용자들의 잇따른 호평, 그리고 그에 따라 형성되는 번역에 대한 긍정적 평판은 경우에 따라서 원문과 출발어를 향한 다소간의 경시를 불러일으키는 일종의 달콤한 유혹처럼 작용하기도 한다. 정말로 도착어 사용자들의 반응이 번역에 대한 평가를 크게 좌우한다면, 게다가 그러한 평가에 의해 번역가의 대외적 평판이 크게 흔들릴 수 있다면, 구태여 원문의 의미와 맥락을 온전히 전달해야만 한다는 번역가로서의 소명감에 얽매여 머리를 싸매야 할 이유가 있을까?

　　애초에 번역을 통해 저자의 의도나 생각을 다른 이들에게 그대로 전달한다는 행위 자체가 얼마나 복잡하고 어려운 일인지도 다시금 생각해 볼 필요가 있을 듯하다. 우리가 유념해야 하는 것은 번역의 기준점이 되는 원문 역시 언제나 일종의 불완전성을 지니고 있다는 사실이다. 모든 저자들은 자신의 머릿속에 있는 관념들을 최대한 온전히 구현할 수 있으리라 판단되는 표현과 문장들을 조합하여 글을 완성하지만, 그렇게 완성된 텍스트 또한 결단코 그들의 추상적 관념을 한 치의 오차 없이 담아낸 완벽한 결과물이라 장담할 수는 없는 노릇이다. 요컨대 원문이란 저자의 머릿속에 있는 관념을 이미 한 차례 실체적 언어의 형태로 가공해 낸 태초의 번역본과 같고, 나아가 모든 번역은 결국 그렇게 번역된 글을 다시 한번 번역하는 일종의 중역(重譯)과도 같다고 비유할 수 있을지 모른다.

　　그렇지 않아도 번역이라는 작업은 이처럼 복잡다단한 과정일 터인데, 이를 진행하는 동시에 도착어 사용자들의 편의, 그리고 그들의 여론이 형성하는 번역에 대한 대외적 평판까지 고려하며 작업을 진행해야만 한다면, 최종적으로 완성된 번역본에서 저자의 본래 의도는 과연 얼마나 잔재해 있을까? 이쯤에서 우리는 다른 무엇과도 비교할 수 없을 정도로 커다란 공포를 불러일으키는 한 중대한 문제에 직면할 수밖에 없다. 지금까지 우리가 읽었던 모든 번역 텍스트들이 그저 실체 없는 허상에 불과할지도 모른다는 생각이 들게끔 만들고, 나아가 어쩌면 번역이라는 행위 자체가 절대적으로 무의미한 것이 아닐까 하는 망상적 상념에 잠기도록 만드는 그것. 바로 '번역 중 손실'이다.

너무 가까이 해석하지 말라.
가까이 다가갈수록 당신은 단어의 의미를 잃어버릴 것이다.

이현준 '번역 중 손실' 앨범 소개 中

아무런 손실 없이 하나의 텍스트를 다른 형태의 언어로 옮긴다는 것 자체가 애초에 가당하기나 한 일이겠냐만, 그 손실 정도의 차이는 분명히 존재할 것이다. 만약 하나의 텍스트를 다른 언어로 변환하는 과정에서 정도를 넘어선다고 판단될 정도의 손실이 발생한다면, 그것을 과연 번역이라고 칭할 수 있을까? 그렇다면 그 손실이 정말로 정도를 넘어서는지는 대체 어떻게 판단할 것인가? 저자, 번역가, 독자 중 누구 하나라도 번역 중 손실의 정도를 객관적으로 파악할 능력을 지니고 있는 사람이 있을까?

2022년 발매한 자신의 음반 '번역 중 손실'을 통해 평단의 잇따른 호평을 받으며 당해 가장 주목할 만한 아티스트로 떠오른 바 있는 뮤지션 이현준은 해당 앨범을 통해 번역이라는 행위의 불완전성, 그리고 번역을 향한 우리의 집착이 만들어내는 숙명적 파멸에 관해 이야기하기도 했다. 의미에 집착할수록 의미로부터 점점 멀어져만 가며 기어코 정서적 파멸에 이르고 마는 한 개인의 서사를 그리고 있는 '번역 중 손실'은 과연 우리가 어떠한 태도로 번역을 마주해야 하는가에 대한 일종의 화두를 던진다.

　　다소간 실험적인 사운드와 난해한 가사로 점철된 '번역 중 손실'은 심도 있게 탐닉하려 하면 할수록 점점 그 본질을 이해할 수 없게 되는 기이한 구조를 지니고 있는데, 해당 앨범은 한편으로 이에 대해 아주 간단하고 단순한 종류의 해결책을 제시하고 있다. 적당한 거리를 두고, 소위 이야기하는 '흐린 눈'으로 해당 앨범을 바라보는 것이다. 의미에 가까이 다가가려 할수록 우리는 그 의미로부터 멀어질 수밖에 없다는 메시지를 담고 있는 '번역 중 손실'의 메타적 서사는 우리가 흐린 눈으로 앨범을 바라보는 그 순간에서야 비로소 온전히 이해가 가능해진다.

　　그렇다면 바로 이 '흐린 눈'이 우리가 마주한 모든 난제를 해결할 훌륭한 타개책이 될 수 있을까? 제법 나쁘지는 않아 보인다. 텍스트를 변환하는 과정에서 발생하는 번역 중 손실이 불가피한 현상이라면, 심지어 우리 중 그 누구도 그 번역 중 손실의 정도를 객관적으로 파악할 수 없다면, 그리고 그럼에도 우리가 번역 없이는 살아갈 수 없는 세상에서 계속 살아가야만 한다면, 흐린 눈이야말로 이 모든 문제를 해결할 수 있는 이상적인 대안으로 작용할 수 있을지도 모른다.

요컨대 번역 중 손실이 발생할 수밖에 없다는 사실을 분명하게 인지하고, 그것을 최소화하기 위해 각고의 노력을 기울이지만, 구태여 '번역 중 손실'이라는 현상 자체의 본질적 해소에 관해 논하려 하지는 않는 것이다. 저자의 의도를 존중하는 동시에, 도착어 사용자들의 입장을 배려한다. 그리고 그 과정에서 발생하는 다소간의 번역 중 손실은 우리가 결코 해결할 수 없는 과제임을 깨끗이 인정한다. 그 누구도 이러한 태도를 두고 무책임하다는 이야기를 꺼낼 수는 없을 것이다. 적어도 현재로서 우리가 택할 수 있는 다른 형태의 대안은 존재하지 않기 때문이다.

"아, 나 그 회사 합격했어. 네 덕분이야. 전문가 말 듣기를 잘했지."

이전에 자기소개서를 다듬어 주었던 지인으로부터 본인이 지원했던 회사에 합격하게 되었다는 연락을 받았다. 내가 번역한 자기소개서의 일부가 당초의 의도와는 조금 달라졌다고 이야기하던 바로 그 지인으로부터 말이다. 지인은 고민 끝에 결국 나의 판단을 따르기로 했고, 다행히도 그로 인해 좋은 결과를 얻은 모양이었다. 그는 나를 전문가라고 치켜세우며 내게 정말 고맙다는 인사를 전했지만, 기쁜 소식을 듣게 된 것과는 별개로 나는 곧 이루 말할 수 없을 정도로 거대한 공포에 휩싸이기 시작했다.

공포의 근간을 이루는 생각들은 다음과 같았다. 어쩌면 내가 도착어 사용자들의 입장만을 지나치게 고려한 나머지 중대한 번역 중 손실을 저질렀을지도 모른다는 것. 그리고 그러한 번역 중 손실이 나의 지인을 비롯한 수많은 누군가의 현실에 지대한 영향을 미쳤을지도 모른다는 것. 내가 접하는 모든 텍스트들 역시 이러한 번역 중 손실로부터 결코 자유로울 수 없는 처지에 놓여 있다는 것. 나의 자아, 나아가 우리 사회를 구성하는 모든 관념들의 본질이 그저 번역 중 손실의 부산물에 해당하는 허상에 불과할지도 모른다는 것.

하지만 나는 이내 흐린 눈을 뜸으로써 이러한 공포를 조금씩 가라앉히기 시작했다. 안심의 근간이 되어 주었던 생각들은 다음과 같았다. 어쨌거나 우리는 번역 없이 살아갈 수 없으며, 번역 중 손실은 결코 외면하거나 피할 수 없는 현상이라는 것. 번역 중 손실의 필연성을 겸허히 받아들이는 것이야말로 번역 중 손실을 최소화하는 가장 확실한 방법이라는 것. 분명 앞으로도 흔들리는 확신과 함께 번역이라는 과정 자체에 회의가 드는 순간을 끊임없이 맞이하게 되리라는 것. 다만 그럼에도, 우리는 계속해서 번역을 하리라는 것.

김선우
비전문성을 지향하는 문화 칼럼니스트 | 『영화 그리고 암전』, 『아트인사이트』 필진

PHILOTRANS

핼러윈이지만 할로윈이 익숙하거든요

> 두 번째 계기는 최근 솔로 활동을 시작한 가
수 로제의 「아파트」에서 시작되었다. 「아파트」
의 성공 요인에는 멜로디도 있겠지만 영어로만
구성된 가사에 '아파트'라는 한국식 발음이
들어간 점도 빼놓을 순 없다. '아파트'라는 한
국어 발음을 여러 외국인이 신기하다는 듯 외치
는 영상을 보고 나 또한 한국인으로서 괜스레
자랑스러웠다. 한편 「아파트」를 외국인이 듣고
아파트가 무슨 뜻이냐고 갸우뚱하며 영어로는
이렇게 말하지 않는다고 하는 영상도 봤다.

첫 번째 계기는 일본어 번역을 사랑하는 마음을 담아 일본어를 한국어로 번역할 때의 한국어 표기법에 관한 생각을 쓰자는 마음에서 시작되었다.

그리고 두 번째 계기는 최근 솔로 활동을 시작한 가수 로제의 「아파트」에서 시작되었다. 「아파트」의 성공 요인에는 멜로디도 있겠지만 영어로만 구성된 가사에 '아파트'라는 한국식 발음이 들어간 점도 빼놓을 순 없다. '아파트'라는 한국어 발음을 여러 외국인이 신기하다는 듯 외치는 영상을 보고 나 또한 한국인으로서 괜스레 자랑스러웠다. 한편 「아파트」를 외국인이 듣고 아파트가 무슨 뜻이냐고 갸우뚱하며 영어로는 이렇게 말하지 않는다고 하는 영상도 봤다. 물론 아파트라는 단어는 국어사전에도 등재되어 있어 오늘의 주제와는 조금 상황이 다르지만, 이번 글에서는 우리에게 익숙한 단어를 마치 고개를 갸우뚱하는 외국인처럼 틀렸다고 하는 한국어 표기법을 고찰해 보고자 한다.

어지러웠다. 눈에는 무언가가 낀 것 같았고 빡빡했다. 그럼에도 내 눈은 모니터 창에서 눈을 떼지 않았다. 엑셀에 펼쳐지는 수많은 일본의 역명, 강, 휴양 시설 등의 번역에서 실수하고 싶지 않았고 최선을 다하고 싶었다. 이렇듯 오랜 시간 일하는 번역가를 버티게 해 주는 힘 중 하나는 끝까지 최선을 다하겠다는 생각이었다.

얼마 전 한 번역 회사의 담당자님이 내게 건물 이름, 나들목 이름 등 일본 특정 지역의 전반적인 용어를 번역하는 업무를 맡겼다. 기나긴 글이 아닌 단어만 끝도 없이 적혀 있는 파일. 문장이 아닌 단어니까 어떻게 번역할지 크게 고민할 일이 없어서 쉽게 보일 수도 있지만, 이러한 일을 몇 번 맡아본 바 쉽기보다는 오히려 괴로웠던 적이 많다. 그렇기에 이번 일을 시작하면서도 조금 긴장했다.

내가 긴장한 첫 번째 이유는 긴 문장이 아닌 짧은 문장이 계속 이어지기에 꽤 번역했다고 생각했음에도 진도가 더디기 때문이다. 원래 한 문장이 45자 정도로 긴 문장은 번역 툴에 적용해서 한 줄, 한 줄 번역하다 보면 금세 꽤 많은 양을 처리할 수 있다. 긴 문장들은 서로 연관이 있기에 갈수록 속도도 붙는다. 반면 이번에 내가 맡은 일처럼 특정 지역의 단어 몇 개만 주르륵 나와 있는 경우 한 문장, 한 문장이 전혀 다른 뜻과 발음인 경우가 많아서 결국 짧은 문장을 계속 번역하다가 진도가 늦어져 절망하곤 한다. 마치 적은 금액을 단타로 주식에 투자하는 느낌과 비슷하다. 부담 없이 시작할 수 있지만 성과는 눈에 띄게 늘지 않는달까. 갑자기 웬 투자 얘기인가 싶겠지만, 이것과 관련된 내용이 글의 밑부분에서 다시 언급될 예정이니 조금만 기다려 주시길 바란다.

그리고 두 번째 이유는 일본어 단어를 한국어로 표기할 때 변수가 너무 많다는 점이다. 특정 지역의 장소를 번역할 때는 강, 산, 관공서, 나들목, 관광지 등 매우 다양한 장소가 등장한다. 이번에 맡은 번역에서는 한국어 맞춤법 표기를 맞추라는 간단한 가이드라인이 적힌 파일을 받았다. 이번에는 川를 '강'이라고 번역하라는 지시가 있었다.

川는 당연히 강이고 山는 산인데 어떤 지시를 말하는 걸까? 번역가는 언제나 클라이언트의 요구에 맞추어 번역해야 한다. 예를 들어 일본의 유명한 강인 信濃川을 번역할 경우 일본어 발음을 그대로 작성하여 '시나노가와'라고 할 수도 있고, 川는 한국어 단어로 써서 '시나노강'이라고 할 수도 있고, 川의 일본어 발음인 카와(가와)와 강을 함께 써야 하면 '시나노가와강'이라고 할 수도 있다. 그리고 川의 일본어 발음은 '카와'가 될 수도, '가와'가 될 수도 있다. 기본적으로 정해진 방식은 있지만 사람이 쓰는 언어이기에 당연하게도 예외가 있다. 결국 번역가는 단어를 하나하나 다 찾아서 몇 번의 확인을 거친 후 번역해야 한다. 그 외에 클라이언트가 제공해 준 발음과 실제로 검색했을 때의 발음이 다른 경우도 있고, 현재는 '시나노강'처럼 시나노와 강을 붙여 써야 하지만 아직 옛날 문법을 고수해 '시나노 강'으로 띄어 써달라는 클라이언트도 있다. 강뿐만 아니라 일본은 산 또한 '산'이라 읽기도 '야마'라고 읽기도 하기에 모든 단어를 면밀하게 확인하면서 클라이언트의 요구 사항에 맞춰서 번역해야 한다. 강, 산, 섬, 해 등 ⋯. 번역가는 정신을 바짝 차리고 있어야 하고 번역을 끝낸 후에도 '자신을 믿지 말자'는 생각으로 재확인하는 과정을 거친다.

이번 업무는 기본적인 한국어 표기법에 맞추라는 가이드라인을 받았다. 기본적이지만 이러한 업무에서도 번역가가 겪어야 할 변수와 고통은 으레 발생한다. 한국어 문법에 따라서 작성하면 우리에게 익숙한 할로윈을 핼러윈이라고 해야 하거나 게임에서 자주 등장하는 용어인 데미지는 대미지로 써야 하기 때문이다. 클라이언트의 요구 사항이 가장 중요하기에 클라이언트가 데미지라고 하면 데미지로, 대미지라고 하면 대미지로, 지시 사항이 없으면 내가 먼저 물어보는 데 익숙하지만, 그래도 원칙적으로 옳다고 하는 핼러윈과 대미지가 완벽한 표현인지는 모르겠다.

핼러윈과 대미지가 매우 어색했는데 이제야 좀 익숙해졌다는 동료 번역가의 체념한 웃음소리가 지금도 들리는 듯하다. 일본어의 한국어 표기법을 더 자세히 들여다보면 이름이 괴상해질 때도 비일비재하다. 예를 들어 일본 유명 소속사인 쟈니스 소속 가수 Kinkikids의 '코이치'라는 일본 이름이 한국어 표기법에 맞추면 '고이치'가 되거나 인기 애니메이션 「귀멸의 칼날」의 주인공 '탄지로'는 '단지로'가 된다. 나는 고이치를 쓸 때부터 속에서 악 소리를 질렀다. 한글에서 획 하나를 뺐지만 자신이 좋아하는 사람의 정식 명칭이 바뀐 것을 보는 팬들이 받는 충격은 끔찍할 정도로 크기 때문이다. 이에 한국어 표기법을 엄격하게 따르던 회사들은 조금씩 독자들을 위한 번역으로 바꾸어 나가고 있지만, 어쨌든 이러한 시행착오 속에서 번역가들은 잘 적응하고 살아남아야 한다.

한국에는 글자를 잘 이해할 수 있도록 돕는 '띄어쓰기'가 있다. 여기서도 번역가는 은근히 고뇌한다. 작업할 때 띄어쓰기의 보조 용언을 띄우는지 붙이는지, 클라이언트가 아무런 언질이 없다면 어떻게 할지 확인한 후 작업을 진행할 때가 많기 때문이다. 보조 용언이란 예로 쉽게 설명하면 '열심히 해보자'와 '열심히 해 보자'의 차이다. 한국어 문법에 따르면 둘 다 가능하다. 그러나 클라이언트의 요구에 따라 용언과 연결된 나가다, 내다, 놓다, 달다, 대다, 두다, 드리다 등의 보조 용언을 붙이거나 떼야 한다.

지금까지 나는 한국어 표기에 관하여(특히 일본어) 설명했다. 강과 산처럼 표기할 때 헷갈리는 경우, 고이치와 단지로 등 표기법에 따르면 명칭이 이상하게 느껴지는 경우, 보조 용언을 때에 따라 다르게 적용해야 하는 경우를 이야기했다. 여기서 나는 자연스럽게 의문을 품었다. 표기법에 따르는 것도 중요하지만 원점으로 돌아가 보고 싶어졌다. 번역의 원점, 즉 번역이 필요한 이유는 다른 언어를 한국어로 나타내어 소비자에게 정보를 제공하기 위함이다. 이러한 기준이 봤을 때 솔직히 표기법을 이렇게나 복잡하게 사용해야 할까? 각종 표기법을 성실히 따르면 무조건 보기 좋고 이해도 잘되며 감성적으로도 어필할 수 있을까? 물론 가독성이 조금 더 좋아질 수는 있으나, 그럼에도 표기법을 더 쉽게 다룰 방법은 필요하다고 느낀다.

번역가로 일하기 시작했을 때 나는 한국어 표기법에 상당히 예민했다. 일할 때뿐만 아니라 다른 글을 접할 때도 표기법에 맞추어 제대로 쓰여 있지 않으면 내용과 상관없이 무언가 부족한 글이라고 평가하곤 했다. 모든 글을 그렇게 보다니 과도할 수 있지만, 번역의 정확성을 생명으로 여기던 시절이 있었기에 지금까지 일할 수 있었다는 생각도 든다.

여기서 잠깐, '정확성'이라는 단어에 주목하고 싶다. 번역가가 일반인들은 모를 수 있는 부분까지 정확성을 강조해 문법에 맞추어 번역하려면 당연히 시간이 더 소요된다. 또한 번역 프로젝트는 여러 명이 함께하는 경우도 많기에 민폐를 끼치지 않게 정해진 표기법을 맞추어서 작성해야 하는데, 이 '민폐를 끼치지 않는 정도'가 되려면 번역 툴의 검증 기능을 활용하고도 재확인을 거듭해야 할 때가 있다. 표기법의 정확성을 높이기 위한 작업에 꽤 시간을 소요한다. 그러나 이러한 부분을 성실히 따랐을 때 무조건 보기 좋고 소비자에게 어필이 된다고 확신하지는 못하겠다.

이러한 부분에 회의를 느껴 동료 번역가들이 자기 뜻을 더 담을 수 있는 자신의 저작물에서 한국어 표기법을 신경 쓰지 않고 작성했다고 하는 경우도 보았다. 여기서 더 나아가 한국어 표기법이 마음에 안 든다며 문제가 있다고 하는 경우도 보았다. 이들도 번역할 때는 의뢰자의 요구에 따라 표기법을 맞출지라도, 표기법이 글에 막대한 영향을 준다고는 생각하지 않는다.

'정확성'이라는 주제를 더 얘기하자면 최근 노벨 문학상을 받은 한강 작가의 책을 번역한 데보라 스미스도 떠오른다. 문서 등을 번역하는 기술 번역, 드라마나 예능 등을 번역하는 영상 번역과는 출판 번역 방식이 다르지만, 번역이라는 큰 틀 안에서 번역을 이야기해 보자. 데보라 스미스는 한강 작가의 「채식주의자」 등을 번역해 노벨 문학상 수상의 일등 공신이라는 언론의 인정을 받았다. 그녀의 기사를 읽으면 한강 작가의 작품을 번역하기 위해 끊임없이 고뇌하고 공감한 흔적이 보인다.

소설 내 등장하는 형, 누나 등을 그대로 영어 Hyung, Unnie로 표현하는 파격적인 모습도 보였다. 일본 소설의 한국어판에 오니상(오빠), 아니키(형님)를 그대로 쓴 경우는 보기 힘들기에 데보라 스미스의 표현 방식은 상당히 독창적이라고 볼 수 있다. 그녀의 번역 행보는 한강 작가의 작품을 번역하는 첫 단계부터 마지막까지 쏟은 큰 노력과 표현의 자유로 가득 차 있었다. 그러나 표현의 자유에는 책임이 따르는 법이다. 데보라 스미스는 비교적 자유롭게 책을 번역했지만, 「채식주의자」 번역판이 세상에 나온 후 지나친 의역이나 팔을 다리라고 번역하는 등 오역이 많다는 비난을 피하지 못했다.

해외에 우수한 한국 문학을 알린 번역 작품이 정확성 논란에 휩싸이자 최선의 번역이 무엇인지 나는 혼란에 휩싸였다. 나는 예전에 한국어 표기법을 지켜야 좋은 글로 여겼을 정도로 정확성을 중요시했다. 지금도 일할 때 정확하게 오역을 내지 않는 것이 번역가의 중요한 덕목 중 하나로 여긴다. 하지만 논란이 있기도 했던 번역 작품이 크게 알려지자 나는 잠시 고민에 **빠졌다.**

　당시 나는 엄마와 한강 작가의 책을 함께 읽고 있었다. 한강 작가의 책 『소년이 온다』를 읽고 엄마는 한국 역사와 관련된 책들을 번역한 데보라 스미스가 그저 놀랍고 신기하다고 했다. 나는 앞서 언급한 데보라 스미스의 의역, 오역 논란을 전했다. 엄마는 "그저 직역으로 정확하게만 번역해서는 작품의 매력을 다른 문화권의 사람에게 완벽하게 전하기 어렵다. 데보라 스미스는 글로 이야기를 풀어내는 재주도 있는 사람이다. 이야기를 맛깔나게 여러 사람에게 전하는 번역이 가장 훌륭하다"라는 의견을 말했다. 물론 직역으로만 번역하는 것은 나 또한 반대하지만, 최대한 정확한 표현을 사용하면서 맛깔나게 번역해야 한다는 지론을 지닌 나에게 그녀의 번역 논란은 많은 생각거리를 던져 주었다.

　정확성, 의역, 직역의 아슬아슬한 번역 줄타기는 앞으로도 계속 이어질 테지만, 최종 번역물을 접하는 독자가 가장 중요하다는 사실은 변하지 않는다. 독자의 가독성과 이해력을 높이고 감정의 요동에 힘을 실어주는 번역이 필요하다. 마음을 흔드는 감성적인 번역은 비단 출판 번역만이 아니라 광고문 등을 번역하는 기술 번역에서도 필요하다. 이를 목표로 삼아 어떠한 번역이 독자에게 가장 와닿을지 끊임없이 생각하고 바꾸어 나가야 한다. 바꾸어 나가야 하는 대상에는 앞에서 언급한 한국어 표기법도 포함된다.

우리가 매일 사용하는 언어는 사람의 표현을 통해 다양하게 변화하기에, 어떠한 형태로 제한하기 어려운 자유로운 물과 같다. 언어의 물살은 언제든지 좋은 방향으로 바뀔 수 있다. 옛날 방식에 갇혀 있는 문법이나 옛날에는 당연했지만 지금은 필요 없는 부분이 물살을 방해하지 않게 정리해 나가야 한다.

나는 앞에서 짧은 문장의 번역을 단타로 주식에 투자하는 느낌과 비슷하다고 표현했다. 단타든 아니든 대표적인 투자 방법의 하나가 주식이라면, 한 나라의 상황 및 한국과의 관계를 나타내는 대표적인 수단은 환율이다. 한국과 사이가 악화하면 엔화가 오르기도 하고, 경기 회복 속도 등에 따라 엔화가 곤두박질치기도 한다. 그리고 주식과 환율도 연관이 있듯이 일본어 번역과 일본의 상황도 항상 연관되어 있다.

일본 환율이 곤두박질쳐서 여행 가기에 좋다고 기뻐하는 사람도 많지만 일본어 번역가인 나는 그저 즐겁지는 않았다. 일본 회사와도 자주 거래하기에 환율이 낮아지면 내가 받는 임금인 엔화도 가치가 줄어들기 때문이다. 일본 환율이 최근 몇 년 사이 가장 올랐을 때는 한국이 일본의 백색국가에서 제외되었을 때, 즉 한일 양국의 긴장감이 최고조에 달하고 한국에서는 불매 운동이 벌어져 아사히

맥주만 마셔도 안 좋은 말을 듣던 때였다. 또한 최근 있었던 계엄으로 환율이 요동치면서 엔화가 조금 상승했으나, 불편한 마음은 당연하게도 뒤따랐다. 시간이 조금 흘러 일본 환율은 다시 내려가고 있지만 미국 환율은 아직 좋을 때가 많기에 달러로 임금을 받는 곳이 있어 다행이라고 생각한 적도 있다. 그러나 일본 환율이 곤두박질치고 갑갑한 한일 관계 속에서도 일본어 번역가는 일하고 살아간다. 자신이 일본어 번역 시장에서 도움이 되고 살아남을 만한 장점이 있으리라, 아이덴티티가 있으리라 믿으며. 업무가 있을 때도, 없을 때도 일본어 번역가는 상황에 적응하려고 노력한다. 내 코가 석 자인 상황에, 일 하나하나가 소중한 상황에 물이 바위를 뚫듯 물과 같은 언어가 표기법 등의 개선으로 번역가들의 답답함을 시원하게 뚫어주기를 바라는 건 사치일까? 서서히라도 뚫어 나갔으면 한다. 이 글도 언어의 가느다란 물살 중 하나가 되기를 바란다. 언어의 불필요한 부분과 문제가 개선되면 당연히 필요한 곳에만 시간을 쏟기에 번역의 질은 올라간다. 번역의 질이 올라가면 소비자에게 전달하는 힘이 생기고, 가끔 그러한 글은 누군가를 살리기도 한다.

마지막으로 여러 언어로 자신의 책이 알려진 한강 작가의 노벨 문학상 연설에서 나온 말을 써보고자 한다.

> "완성의 시점들을 예측하는 것은 언제나처럼 불가능하지만, 어쨌든 나는 느린 속도로나마 계속 쓸 것이다. 지금까지 쓴 책들을 뒤로 하고 앞으로 더 나아갈 것이다. 어느 사이 모퉁이를 돌아 더 이상 과거의 책들이 보이지 않을 만큼, 삶이 허락하는 한 가장 멀리."

책을 쓰는 작가와 번역가는 다르지만 이 말에 앞으로도 번역으로 고민해 나갈 전투력이 솟아난다. 앞으로 더 나아갈 것이라는 말에 위로받는다. 삶이 허락하는 한 가장 멀리 번역과 함께 나아가고 싶은 마음이 드는 것을 보면 문장 첫머리에 쓴 "일본어 번역을 사랑하는 마음"은 아직 내게 분명 존재한다.

김연경
게임, 출판, 영상, 관광 전문 번역가 | 작가 | 『일본에서 한 달을 산다는 것』 공저

PHILOTRANS

번역가의 0퍼센트

> 만약 기계 번역에 있어서 도의적 문제가 심각했다면, 이 프로그램을 만드는 데에 있어서 번역 기능은 제외되는 방향으로 개발되었을 수도 있다. 외과의를 기계로 대체한다고 가정해보자. 도대체 그 수술은 누가 받을 것이며, 결과가 만족스럽지 못하다면 그 책임은 누가 질 것인가. 하지만 누군가 Chat GPT를 써서 번역을 하고 그 일이 틀어졌을 경우라면 번역가에게 수정을 부탁하면 될 일이다.

도리

번역가라면 Chat GPT가 출시된 이후로 'LLM(대규모 언어 모델)'이라는 단어를 많이 접할 수 밖에 없다. 모델 하나가 문장을 완성하고, 질문에 답하며 언어를 번역하는 등 할 수 있는 일이 무궁무진하다. 그 동안의 인터넷 번역기가 기계 학습을 기반하여 쿼리에 대한 단순 답변으로 대응했다면, 오픈 AI의 GPT-3부터는 LLM을 도입하여 단어와 단어 간 관계를 유기적으로 인식한다. 말 그대로 챗봇에 '언어 지식'이 탑재된 것인데, 어느새 우리 생활 안에 스며든 Chat GPT를 보고 있으면 번역가로서 이제야 위구심이 든다.

계속해서 기술을 발전시키고자 하는 것은 과학자의 도리이다. 그 '마땅히'를 우리는 의심해볼 필요가 있다. 인간이 비교적 짧은 시간

내에 총체적인 발전을 해낼 수 있었던 이유는 과학 기술의 유기적인 관계 때문이다. Chat GPT의 목적은 단순 '번역'이 아니었다. 인터넷 검색 엔진과 비슷하지만 '마치 사람과 대화하는 듯한 형식'으로 사람들에게 정확한 답을 제공하기 위한 것이었다. 화면 너머로 소통하지만 우리는 지금 인공지능과 실제로 '복합적 상호 작용'을 하고 있는 것이다.

Chat GPT에서 80개가 넘는 언어로 번역이 가능한 지금, 프로그램의 상용화로 가장 많은 피해를 보고 있는 것은 결국 '번역가'였다. 전 세계 사람들이 Chat GPT를 활용하려면 되도록 많은 언어의 제공이 요구되므로 예견된 미래였다고 할 수 있겠다. 만약 기계 번역에 있어서 도의적 문제가 심각했다면, 이 프로그램을 만드는 데에 있어서 번역 기능은 제외되는 방향으로 개발되었을 수도 있다. 외과의를 기계로 대체한다고 가정해보자. 도대체 그 수술은 누가 받을 것이며, 결과가 만족스럽지 못하다면 그 책임은 누가 질 것인가. 하지만 누군가 Chat GPT를 써서 번역을 하고 그 일이 틀어졌을 경우라면 번역가에게 수정을 부탁하면 될 일이다.

만약 '사회에서 번역가의 포지션이 의료진과 같았다면 …'

이라는 가정은 현실적으로 말이 되지 않지만 상상이라도 해보자는 것이다. 그렇다면 Chat GPT는 탄생하지 않았을까? 그렇지 않다. 앞서 말했듯 기술은 유기적인 것이므로 대체될 수 있는 직업은 10년 후든 100년 후가 되었든, 결국 대체될 위기에 놓일 수밖에 없다. 세계 경제 포럼에 따르면, 2025년에는 AI와 로봇이 약 8천 5백만 개의 직업을 대체할 것이며 AI 개발, 데이터 과학과 인간-AI 협업 분야에서 9천 7백만 개의 직업이 새롭게 생성될 것이라고 한다. 22세기에는 AI를 거치지 않는 일이 없게 될 것이다. 미래에는 인간의 일에 AI가 개입하는 것이 아닌, 'AI가 하는 일'에 인간이 간섭하게 되는 것이다.

특이점

인간은 인간이 세워놓은 모든 업적과 진실들에서 멀어지기 위한 방향으로 발전하고 있다. 이렇게 생각하면 고대 그리스인들이 제시한 '지속적 쇠락 과정' 즉, 순환론이 꼭 세상 앞날 모르고 했던 말 같지도 않다. 기원전 7세기경, 시인 헤시오도스(Hesiod)는 그의 저작 「일과 나날들」에서 그리스의 역사를 5단계로 구분한다:

인류의 첫 번째 시대이자 자연의 풍요로움과 평화로 고통이 없던 **황금시대**(Golden Age)

첫 번째 시기보다 도덕적으로 타락한 인류가 살았고 결국 신의 분노로 인해 멸망 '당한' **은시대**(Silver Age)

전쟁과 폭력이 지배적이었던 **청동시대**(Bronze Age)

도덕적 가치와 명예가 중요시되어 트로이카 전쟁과 같은 신화적 사건의 주역이 된 영웅들이 등장한 **영웅시대**(Heroic Age)

헤시오도스 본인이 자신의 시대를 묘사한 **철시대**(Iron Age)

헤시오도스의 5단계는 완벽에 가까운 상태에서 시작된 과거부터 도덕적 타락이 극에 달한 현재까지, 탐욕으로 멸망할 수밖에 없는 인류의 모습을 묘사한다. 우리는 '기술적 발전'이라고 칭하는 것이 과연 인류에게 긍정적인 결과를 가져와줄지 생각해봐야 한다. 사실은 '발전'과 '탐욕'이라는 것이 같은 의미이고, 현 시대를 살아가는 데에만 급급하여 편리함을 추구하는 것은 '발전', 끝내 가질 수는 없고 추구하기만 해야 하는 것은 '탐욕'이라고 멋대로 정해버린 것이 아닐까? 그도 그럴 게, 어떤 대상에 대해서 '탐욕을 가지고 발전한다'는 문장은 말이 되지만 그 반대는 인과적으로 타당하지 않다.

　　여기서 재미있는 사실, '발전'이라는 영어 단어는 'Development'인데, 이것의 기원을 살펴보면 라틴어로 '하지 않은'을 뜻하는 'dis-'와 '감싸다'라는 의미의 '-envelop'이 나온다. 그렇다면 'Develop'의 본래 의미는 '감싸지 않은'이라는 말이 된다. 감싸지 않은 것을 '발전'이라고 한다면 원래 있던 것을 다른 형태로 개발한다는 의미인데, 앞서 의문을 품었던 지점으로 다시 돌아가 보면 머릿속에 띵-하고 떠오르는 게 있다.

　궁극적으로, '과연 AI를 개발하는 것이 인류에 도움이 될 것인가'에 대한 논의를 해보자는 것이다. '획기적인 발전이 될 것인가, 끊임없는 탐욕이 될 것인가', 사실 우리는 평생 알 길이 없다. 우리는 매순간 질문에 대한 가능성을 되묻고 선택하면서 살아간다. 아리스토텔레스는 이러한 '선택'과 '실현'이 인간의 실존을 구성한다고 했다. 인공지능이 인간의 '실존 요건'을 충족하기 위해서는 스스로 질문에 대한 가능성을 되묻고 선택해야 하는데, 현재로서는 어느 정도 맞는 것 같기도 하다. 그렇다면 AI가 추구하는 것은 실현이 가능할까?

단적으로 봤을 때 Chat GPT는 '인간'을 목표로 한다. 이 기계는 인간처럼 말하고 답하는 것이 주 목적이다. 코로나 이후 지금까지의 시기가 '인공지능의 개발'에 집중하는 시기였다면, 2025년부터는 '휴머노이드(Humanoid) 경쟁'의 시작이다. 지금의 AI를 탑재한 휴머노이드라면 가능성을 따져보기에 충분하다.

AI와 자연어 처리 기술의 급격한 발전은 기업들이 인간과 더욱 비슷한 상호작용을 구현하는 '휴머노이드' 개발에 박차를 가하게 만들었다. 특히 ChatGPT와 같은 언어 모델의 등장으로 기계가 인간 언어를 이해하고 대화할 수 있는 능력이 크게 향상되면서, 이 기술이 휴머노이드의 핵심 요소로 자리 잡고 있다. 휴머노이드는 단순히 기계적인 작업을 수행하는 로봇을 넘어, 감성적이고 사회적인 상호작용을 통해 인간과 자연스럽게 소통하는 존재로 발전하고 있다.

최근 엔비디아는 물리적 세계의 AI 혁신을 위한 플랫폼 '코스모스(Cosmos)'를 발표하며, 휴머노이드와 자율주행 로봇 개발의 패러다임을 바꾸고 있다. 코스모스는 단순한 소프트웨어 툴이 아닌, 현실의 물리적 법칙을 시뮬레이션할 수 있는 가상 환경을 제공하는 플랫폼으로, 로봇이 사람처럼 물리적 세계를 이해하고 행동할 수 있도록 돕는다. 이는 지금까지 로봇 개발에 필요한 막대한 자본과 시간을 획기적으로 단축할 수 있는 가능성을 열어준다. 코스모스의 핵심은 인간의 직관적 사고를 대체할 수 있는 '세계 기반 모델(world model)'을 제공하는 것이다. 로봇이 장애물을 뛰어넘거나 물체를 다룰 때, 단순히 프로그래밍된 명령어에 의존하는 대신, 물리 법칙을 학습하여 스스로 상황을 판단할 수 있도록 설계된다. 엔비디아 CEO 젠슨 황은 "로봇이 진정으로 인간과 유사하게 행동하기 위해서는 우리가 당연하게 여기는 우주의 물리적 법칙을 이해해야 한다"며, 코스모스가 이를 위한 가장 효과적인 학습 환경을 제공한다고 설명했다.

이처럼 휴머노이드는 단순한 물리적 로봇의 기능을 넘어, 대화 능력과 인간적 교감의 영역을 확장하고 있다. 이제는 '실체가 있는 AI 시대'이다.

AI와 언어 모델의 발전이 휴머노이드를 통해 인간과 유사한 존재를 만들어내고 있는 가운데, 이러한 기술적 진보는 깊은 윤리적 논의를 요구한다. 휴머노이드는 단순한 도구가 아니라 인간과 상호작용하고, 때로는 감정적으로 교감할 수 있는 존재로 여겨진다.

아리스토텔레스는 윤리학과 정치학에서 인간 존재의 목적(텔로스, τέλος)에 대해 강조하며, 인간만이 이성적 사고와 도덕적 판단을 통해 최고선(εὐδαιμονία, 행복 또는 번영)에 도달할 수 있다고 보았다. 그는 인간의 덕(ἀρετή)이란 특정한 기능을 잘 수행하는 능력이라고 주장하며, 도구적 존재는 자신의 목적을 실현하기 위해 인간의 손에서 사용되는 것이라고 규정했다. 휴머노이드와 같은 존재는 단순한 도구의 역할을 넘어서 인간과 유사한 의사소통 능력을 갖추게 되어, 결국 '도구'와 '존재'의 경계가 모호해진다. 이에 따라 몇 가지 윤리적 문제가 제기된다.

도덕적 주체성의 모방과 혼란. 휴머노이드는 인간의 감정적 언어와 행동을 모방할 수 있는 능력 덕분에 인간적 속성을 지닌 것처럼 보이지만, 아리스토텔레스의 관점에서 이는 진정한 덕성을 가진 존재가 아니다. 그는 인간의 덕이란 지성과 도덕적 판단을 기반으로 하며, 의도와 책임의 개념이 반드시 포함되어야 한다고 보았다. 휴머노이드가 아무리 인간처럼 대화하고 감정을 흉내 내더라도, 그들은 도덕적 판단을 할 수 없고 결과에 대한 책임을 질 수 없다. 휴머노이드와의 관계에서는 인간이 책임과 의도를 혼동하게 되는 위험이 존재한다는 말이 된다. 인간은 감정적 교류의 대상을 도덕적 주체로 간주하려는 경향이 있지만, 이로 인해 책임의 본질이 왜곡될 수 있다.

두 번째 문제는 사회적 정의와 인간 노동의 목적성이다. 아리스토텔레스는 인간의 노동과 활동이 개인의 덕을 실현하는 과정에서 중요한 역할을 한다고 보았다. 휴머노이드는 단순한 생산성 증대의 도구로 사용되며, 인간 노동의 가치를 축소시킬 가능성이 크다. 그는 노동을 통해 인간이 자신을 발전시키고 공동체에 기여해야 한다는 것을 강조했지만, 휴머노이드의 확산은 인간의 활동 영역을 기계가 대체하는 상황을 초래할 수 있다. 이러한 변화는 인간이 자기 발전과 사회적 참여를 통해 번영을 이루는 기회를 박탈당하는 결과를 낳을 수 있으며, 이는 궁극적으로 아리스토텔레스의 최고선 개념과 배치된다.

아리스토텔레스의 철학적 관점에서 볼 때, 휴머노이드 기술은 도덕적 주체성과 인간 노동의 목적성을 왜곡하는 심각한 윤리적 문제를 안고 있다. 인간의 지성과 덕성을 모방하는 기계가 발전할수록, 우리는 도덕적 판단과 책임의 경계를 명확히 해야 하며, 인간의 노동과 창조적 활동을 보호할 방안을 고민해야 한다. 기술의 진보가 인간성을 위협하지 않으려면, 기술과 윤리가 조화롭게 상호작용해야 한다는 점을 아리스토텔레스의 통찰을 통해 배울 수 있다.

발전하는 데에 있어서 한정적인 자원을 효율적으로 사용하기 위해 우리는 '실현 가능성'이라는 것을 따진다. '비인간인 자원'을 가지고 '인간 같은 것'을 만들어낼 수 있는 그 세계에서는 과연 자원을 '자원'이라 할 수 있을까? 특이점에서는, 더 이상 실현 가능성이 예고되지 않을 것이다.

한계

AI는 만들어낼 결과물보다 만들어진 과정에 더 많은 손이 투입되기에 아직까지는 미비하다. 이러한 과도기에 번역가가 할 작업의 총량은 오히려 더 늘어났다. 이전에는 번역과 감수에 대한 책임이 온전히 '번역가'에게 주어졌다면 지금, 앞서 언급한 책임은 그대로이고 기계 번역에 대한 책임은 그 제작자, 혹은 Post Editing을 한

감수자가 나눠가지게 되는 것이다. 그리고 제작자는 이 책무를 다하기 위해 기계를 계속해서 발전시킨다. 이 과정에는 인간이 필수적이다. 인간을 대체하려는 노력에 인간의 '노동력'이 소비되다니, 아이러니한 상황이다. 어떻게 보면 인공지능의 궁극적인 이상향은 '인간을 대체하려는 것'이 아닌, '인간의 한계를 시험해보고 싶은 것'이라할 수 있겠다.

인간은 도덕적으로 타락할 수는 있지만 지능적, 기술적으로 진화하고 발전한다. 만약 인공지능으로 대체하려는 것이 '상대적으로 발전하지 못한 것들'이라면, 우리는 아직 희망적이다. '뒤쳐진 것들'의 대체는 항상 우리 곁에 존재했다. 영단어와 여행용 사전이 있던 전자사전은 스마트폰 앱 속의 한 '배너'로, 노래 하나씩 내려받아 다니던 MP3는 '음악 스트리밍 사이트'로 바뀌어 버렸다. 그럼에도 인공지능의 개발이 두렵고 주목받는 이유는, 그 '뒤쳐진 것들'이 우리가될 수도 있기 때문이다.

번역가가 뒤쳐지지 않으려면 무엇을 해야 할까. 기존 언어쌍에 대한 공부, 새로운 언어쌍 개발, 기술 번역가로서 기술 분야 자격증취득, 대학원 진학 등이 있을 수 있겠다. 번역에 있어서 '차별화'도나름의 방법이 될 수도 있다.

남들과 다른 독보적인 색채를 가지고 있거나, 어느 분야에서 '최초'라는 타이틀을 가지는 것이 바로 고도의 '차별화'이다. '차별화된 접근'이 필수적이다. 번역가가 기계와 동일한 방식으로 경쟁하는 것은 의미가 없다. 대신, 인간 번역만이 제공할 수 있는 창의적이고 철학적인 차별화 요소를 활용해야 한다. 여기서 차별화란 단순히 단어와 문장 구조를 변환하는 기술적 능력에 그치는 것이 아니라, 문맥적 이해와 문화적 뉘앙스, 그리고 독창적인 의미 재구성 능력을 포함한다.

번역가는 독자의 의도와 감정, 사회적 맥락을 반영하여 자연스러운 언어 흐름과 더불어 의미의 깊이를 전달할 수 있다. 이는 카피라이팅, 전문 분야, 그리고 특정 문화적 배경이 강하게 반영된 번역에서 특히 중요한 차별화 요소다. AI는 고정된 데이터셋에 기반하여 번역하지만, 번역가는 최신 트렌드와 사회적 감수성을 반영하는 능력이 있다. 언어는 살아 있는 생명체와 같아 끊임없이 변화하고 발전한다. 신조어나 최신 기술 용어, 또는 특정 분야에서 새롭게 떠오르는 개념을 정확히 이해하고 반영하는 능력은 기계보다는 번역가에게 유리하다. 최신 지식과 문화적 맥락을 통합한 '의미의 큐레이터' 역할을 할 수 있다는 것이다.

번역 업계에서 독보적인 색채라고 한다면 아마 기술 번역일 것이다. 일반 번역에서도 특별히 뛰어나 수요가 많은 번역가가 있을 수 있지만, 단기간에 차별화하는 데에 있어 유리한 분야가 바로 기술 번역이다. 기술 번역의 분야는 법률(Legal), 의학(Medical), 비즈니스(Business), IT(Information Technology), 공학(Engineering), 과학(Science) 등이 있다. 이 외에도 '전공 특색을 살려야 자연스러운 번역' 등이 포함된다. 전문 번역가를 구인하는 모집 공고에는 우대사항에 특정 전공이 기재되어 있다. 의학 전문 번역은 의/약학, 임상병리학, IT 전문 번역에는 컴퓨터/시스템공학, 공학계열, 수학/통계학 등의 전공자를 우대한다. 수준급의 영어 실력은 필수적으로 지니고 있어야 한다. '차별화'가 된다면 전공자가 아니라도 기술 번역을 하여 본인만의 특색을 충분히 살릴 수 있다. 한 분야에 대해 폭넓게 공부함으로써 자신만의 전문성을 찾을 수 있다. '가만히 두면 곧 쓸모 없어질 능력을, 차별화된 나만의 전문성으로 승화시키는 것이다. 사실 '자기계발'이라는 것은 다른 거창한 것이 아니라, 본인이 가지고 있던 무언가를 발굴하는 것으로 첫걸음을 떼는 것이다.

기술 번역은 한국어로 배웠던 전문 용어들을 다른 언어로 알아가는 과정, 또 공부했던 기억을 곱씹으며 단어들을 문맥적으로 파악하는 과정이 매력적이다. 일반 번역 역시 실력 향상을 맛볼 수 있지만, 특성상 구어체로 현지화하는 경우가 많기에 '언어적인 센스'를 발전시키는 것에 더 가깝다. 이와 비교하여 기술 번역은, 서류 번역 형식인 경우가 많아 정확한 문법과 단어의 쓰임이 중요하다. 기술 번역을 하면서 그 분야에 대해서도 다시 공부하기 때문에 누가 물어봐도 이 부분은 정확히 설명할 수 있을 수준에 달한다. 또한 다의어의 경우, 새로우면서도 알고 있었던 의미와는 전혀 다른 뜻을 알아간다. 종합하면 기술 번역은 해당 언어 쌍에 대해 깊이 알아가는, 학문적인 영역의 자기 개발이라 할 수 있겠다. 언어라는 것은 그 나라의 문화, 역사, 전통 등이 반영되어 있고, 단어 간 상호 연결되어 있기 때문에 다의어의 어원을 알아가는 것만큼 번역가에게 도움이 되는 것은 없다.

미국의 한 칼럼리스트는 기원전 B.C와 기원후 A.D에서 착안해 현재가 코로나 발생 이후 시대, A.C.(After Covid-19)라 표현한다. 코로나를 기점으로 세상이 바뀌었고, 그 바이러스가 현존하는 한 인간의 삶은 꾸준히 변화함을 예측하며 만들어낸 단어이다. A.C.시대를 기준으로 '자기개발'용 시간을 투자하려는 사람들이 많아졌다. 2050년에도 번역을 업으로 삼고 있는 사람은, 분명 다른 사람과, 아니 AI와도 차별화된 전략을 가지고 있을 것이다.

오류

하지만 이 모든 것들을 완수하는 시간보다 인공지능의 진화가 더 빠르다면 번역가로서는 헛수고다. 우리나라에 국한해서 생각하기보단 세계를 주도하는 다른 국가들의 인공지능 채택 비율에 주목해야 한다. 앞서 언급한 것처럼, 지금의 개발 속도라면 2030년 이전에 대부분의 것이 인공지능으로 대체될 것이다. '2024 미국 경제 포럼'에 따르면, 전문 분야에서의 기계 번역 시장 비율이 증가할 것이며 2021년 $248.8M 규모에서 시작하여 2025년 기점으로 크게 증폭할 것이라 예측한다. 군 방위(Military & Defence), 전자기기(Electronics), 의료(Healthcare), 기타 등 세부 분야 모두에서 증가세를 보이고 있지만, 특히 IT와 자동차(Automotive) 분야에서 큰 폭을 보인다. 단기적으로는 기술 번역을 하는 데에 있어 AI 시장 분석이 필요하다고 해석할 수 있지만, 장기적인 관점에서 IT와 자동차 분야 외의 전문 지식을 익혀 기술 번역 시장에 뛰어들기에는 미래가 불확실하다.

현재 로봇은 분야와 관계없이 '단순 반복 작업'부터 투입된다. 이와 같은 작업의 가장 큰 특징은 예기치 못한 상황에 대응하지 않고, 책임지지 않아도 된다는 것이다. 반대로 생각해 보면, '책임을 지는 일'은 오직 인간만이 할 수 있는 것이다. 우리는 인공지능이 할 수 없는 것을 찾아야 한다. 아무도 책임지지 않으려고 할 만큼 신중해야 하는 것. 간단히 '오류'가 없으면 된다. 결과물에 '오류'가 없는 인간이 되자.

기계 번역은 발전을 거듭하고 있지만, 특정 언어쌍이나 문맥에 따라 여전히 오류율이 높게 나타난다. 2022년 MIT Technology Review에 따르면, 영어-프랑스어 번역에서 구글 번역의 오류율은 약 5퍼센트로 감소했으나, 문화적 뉘앙스가 중요한 문서나 복잡한 언어에서는 15퍼센트 이상의 오류율을 기록한다. 미국 번역 협회(ATA)는 전문 번역에서 오류율이 1퍼센트 미만이어야 신뢰할 수 있다고 지적했으며, 이는 단 하나의 단어 오류가 전체 문서의 신뢰도를 훼손할 수 있음을 의미한다. 번역 오류는 경제적 손실로도 직결되는데, CSA Research에 따르면 기업의 번역 오류로 인한 연간 손실은 약 120억 달러에 달한다. 실제로 2014년 미쓰비시 자동차는 설명서의 번역 오류로 브레이크 문제에 대한 오해를 일으켜 대규모 리콜과 수백만 달러의 비용을 부담해야 했다. 이러한 사례는 번역 오류가 단순한 실수 이상의 위험성을 지닌다는 점을 여실히 드러낸다.

기계 번역의 오류는 주로 다의어 처리, 구문 구조 해석, 문화적 뉘앙스 전달에서 발생한다. 다의어(Polysemy)는 하나의 단어가 문맥에 따라 여러 의미를 가질 때 생기는 문제다. 예를 들어, 영어 단어 "bank"는 금융기관과 강둑을 모두 의미할 수 있는데, 기계 번역기가 문맥을 제대로 파악하지 못할 경우 의미 전달이 왜곡될 수 있다. 이러한 문제를 해결하려면 번역 모델이 단어의 의미망(Semantic Network)과 문맥적 연관성을 정확히 이해해야 하지만, 현재의 기계 번역은 제한된 훈련 데이터에 의존하기 때문에 완벽하지 않다.

또한, 구문 분석(Syntax Parsing) 오류도 주요 원인이다. 언어마다 문장 구조가 다르며, 주어와 동사의 위치나 수식어 사용이 달라진다. 기계 번역 알고리즘이 특정 언어 구조를 다른 언어로 매끄럽게 변환하지 못하면 부자연스럽거나 의미가 달라진 문장이 생성된다. 예를 들어, 일본어에서는 동사가 문장 끝에 위치하지만 영어에서는 중간에 온다. 이러한 구조적 차이를 자동으로 처리하는 데는 언어 모델의 세부적인 규칙 학습이 필요하다.

문화적 맥락과 고유 표현(Localization) 처리도 기계 번역에서 자주 실수하는 부분이다. "Break a leg" 같은 영어 관용구는 직역하면 전혀 다른 의미로 해석된다. 기계 번역은 이러한 관용적 표현을 문맥적 이해 없이 번역하면 의미 왜곡이 심각해질 수 있다. 인간 번역가는 경험과 문화적 지식을 바탕으로 맥락에 맞는 번역을 제공하지만, 기계는 훈련된 데이터 범위를 벗어난 경우 오류를 일으킨다.

기계 번역의 오류율은 '언어의 복합성'에서 비롯된다. 의미론적 해석, 구문적 변환, 문화적 맥락 등 인간이 직관적으로 처리하는 부분이 AI에게는 도전 과제다. 이러한 오류를 줄이기 위해서는 더 많은 데이터와 정교한 Transformer 기반 모델의 개선이 필요하므로, 인간 번역가의 역할은 여전히 중요하다.

　　꼭 '문법적 오류'에 국한된 내용이 아니다. 기한적으로도, 수치적으로도 '감수자'가 필요 없는 번역을 추구하는 것이다. 코로나 이후 많은 것들이 재택으로 변환되었고, 번역 시장은 성수기와 불황기를 동시에 맞았다. 인력 풀이 늘어나면서 번역 프로젝트가 많아졌고, 기계 번역의 발전으로 번역가들은 일자리를 얻음과 동시에 놓쳤다. 이전에는 감수자와 번역가의 역할이 뚜렷했다면, 지금은 모호하다. 이제 번역가의 역할은 1차 번역이 아닌, 2차 번역에 가까워지고 있다. 시간이 조금 더 지나면 감수자의 역할에 더 가까워질 것이다. 우리는 그 전에 감수자가 필요 없을 만큼의 결과물을 내야 한다.

　　불가능해 보이는 일을 실현되게 한다면, 대체가 가능해진다. 인공지능과 인간 중 누가 그 일을 먼저 해낼지가 관건이다.

이준서

tvN 「벌거벗은 세계사」 등 의학, 환경, IT 및 문화 전문 번역가 | 듀크대에서 생리학 강의

PHILOTRANS

언어의 우주에서, 길을 묻다

> 66
>
> 한창 영어를 익히는 시절에는 영어로 밥벌이
> 할 정도가 되면 '영어 정복'이란 산꼭대기까지
> 는 아니어도 9부 능선은 넘었을 것이란 예측을
> 했다. 그러나 나는 지난 30년간 단 1초도 같은
> 모습을 유지하지 않는 언어의 퍼레이드를 지켜
> 보며 그 다양함과 깊이에 매 순간 압도당하다,
> 다시 언어의 바다에 빠져 살기를 반복했다.

영어, 음악이었다

누군가에게 운명처럼 다가오는 언어가 있다면, 그 언어의 첫인상은 '이국적이고 매혹적인 음악'일 것이다. 나에겐 영어가 그랬고, 우리나라 최초의 대통령 불어 통역사였던 분도 프랑스어가 맨 처음엔 음악으로 들렸다고 하셨다. 12살, 다소 늦게 영어를 처음 접했던 나는 동네 공부방에서 받아온 영어 교재의 비디오에서 '그 음악'을 들었다.

미끄러지듯 음률을 실은 30대 여성의 세련된 북미 표준 영어. 한국어의 분절되는 음성과 달리, 가느다란 거미줄에 매달린 단어들이 끊어질 듯 말듯 경쾌한 리듬으로 높은음과 낮은음의 파장을 타고 춤을 추듯이 와서 내 귀에 박혔다.

영어는 한국인이 배우기 가장 어려운 언어 중의 하나—언어학적으로도, 우랄 알타이어계에 속하는 한국어와 인도, 유럽어족에 속하는 영어는 닮은 점이 없는 대척점에 서 있는 언어—이겠지만, 나는 오히려 그 '닮은 점 없는' 이국적인 요소에 반해서, 30년 넘게 영어를 놓지 못하고 살고 있다. 유려한 음악으로 처음 만났던 그 순간부터 수십 년간 영어를 체화시키면서, 내가 말하고 쓰고 이해하는 영어는 이미 나의 오장 육부에 스며든 내 신체의 일부분 같은 것이 되었다.

그렇게 받아들인 영어는, 평범한 회사원으로 살다가 프리랜서로 독립하면서 자연스레 나의 강점 이자, 통역사, 영어 프리젠터, 국제행사 진행자로 일할 수 있는 중요한 밥벌이 수단이 되었다.

한창 영어를 익히는 시절에는 영어로 밥벌이 할 정도가 되면 '영어 정복'이란 산꼭대기까지는 아니어도 9부 능선은 넘었을 것이란 예측을 했다. 그러나 나는 지난 30년간 단 1초도 같은 모습을 유지하지 않는 언어의 퍼레이드를 지켜보며 그 다양함과 깊이에 매 순간 압도당하다, 다시 언어의 바다에 빠져 살기를 반복했다. 그 바다에서, '영어 정복'이란 까마득하게 먼 섬을 향해 미미하게 허우적대며 살아왔다.

하지만, 잡힐 듯 잡히지 않는 목표를 향해 가는 일상은 지난했으나, '언어를 옮겨주는 일'이 필요하다면 어디든 닥치는 대로 해내느라 내 프리랜서의 삶은 늘 새로운 분야, 새로운 사람들, 새로운 비즈니스를 오가며 롤러코스터를 타는 기분이었다.

어떤 날은, 전 세계 성인용품 판매2위 독일 제조사의 매니저와 한국 총판을 따낸 대표님과 영등포, 강남 등지의 성인용품 판매처에서 다소 민망한 신제품 시연을 통역하고, 또 어떤 날은 전등 스위치에 붙이는 사물인터넷(IoT) 기술의 Apple社 인증을 따내기 위한 미팅을 통역했다. 2년 전에는 나이지리아와 케냐에서 활발하게 건설업을 하는 한국 기업의 회장단과 나이지리아, 케냐 대통령 개별 면담을 통역하느라 국가 보안요원들의 삼엄한 경호 아래 롯데호텔 프레지덴셜 스위트룸에 떨며 앉아 있었다.

지난 14년간 통역을 하면서 접하게 된 새로운 분야, 산업, 비즈니스 스펙트럼은 6개월 단위로 아찔하게 바뀌면서 특정 산업군에 치우치지 않고 반도체 공장의 생산라인부터 눈에 보이지 않는 광고캠페인의 크레이티브를 영어 PT로 구현해 내는 등, 일을 하면 할수록 점점 더 확장되는 느낌이었다.

게다가 매번 새로운 분야의 새로운 주제를 접하면서 대부분 일주일도 채 안 되는 시간에 그 분야의 핵심을 꿰뚫고 통역 자리에 나가야 했다. 자료가 주어지는 경우는 그나마 다행이지만, 대부분은 미팅 주제와 회사 이름만 알려줄 뿐, 담당자가 어느 국적의 사람인지, 이름은 무엇인지조차 알기 힘들었다.

내가 통역해야 할 대상에 대한 최대한의 정보를 확보하고 가도 현장에서 내가 알 수 없는 얘기들이 오고 가기 때문에 통역자리는 늘 터지기 직전의 긴장으로 가슴을 꽉꽉 채우고 앉아 있어야 한다. 그나마 담당자의 이름을 구글과 Linked In 같은 SNS에서 찾을 수 있다면 그 사람이 출연한 유튜브 동영상을 미팅 직전까지 보면서, 상대의 영어 억양과 말투, 습관에 내 귀를 최대한 노출 시키고 간다. 하지만 이런 경우도 많지 않다. 대부분은 평소 나의 실력과 집중력에 의존하는 수밖에 없다.

다행인 것은, 트라우마처럼 남은 몇 년 전 폭삭 망한 통역을 제외하고는 지금까지 각 통역마다 시험 공부하듯이 내가 찍은 분야와 주제에서 얘기들이 나왔고, 통번역대학원 출신은 아니지만 대기업, 공기업 등에서 직장생활을 해 본 경험치로 한국의 조직문화와 비즈니스 생리에 잘 맞춰진 통역을 할 수 있었다.

무엇보다, 매번 새로운 분야와 세계로 다이빙하듯이 뛰어들어서 짧은 시간에 밀도 있게 알아가는 것이, 늘 나의 안온한 울타리 너머 세상에 존재하는 '새로운 것'에 호기심이 발동하는 내 성격에 잘 맞았다. 극 외향적인 성격인 나는 새로운 분야에 열정과 통찰력을 가진 고객들을 만날 때 마다 나의 지경이 넓어지는 느낌이었다.

누군가가 나에게 대가를 지불하면서 세상 이치와 지혜를 가르쳐 주고 영어를 계속 쓰면서 양적으로도 질적으로도 계속 성장하게 해 준다고 생각하니, 나름의 고충이 많지만, 프리랜서로 일하길 잘했단 생각을 하며 지냈다. Chat GPT같은 AI만 아니면, 나의 타고난 성격과 호기심, 일에 대한 열정 덕에 내 마음껏 '단어를 부리며' 지루할 틈이 없는 내 일을 계속 신나게 할 수 있을 줄 알았다. 최근 있었던 3일 간의 통역을 하기 전까지 말이다.

왜 슬픈 예감은 틀린 적이 없나!

미국 굴지의 엔터테인먼트 에이전시라고 했다. 전 세계 라이브 콘서트를 주관, 운영, 프로모션하는 회사인데 K-Pop 아이돌이 소속된 에이전시들과 계약 관련 미팅을 하는 자리에 3일간 같이 다니면서 통역을 해줬으면 한다고 했다. 미팅 3일 전 이메일로 받은 통역 의뢰서에는, 미국 본사에서 참여하는 부사장 두 명의 이름, 미팅 장소와 시간이 찍혀 있는 일정표가 전부였다.

여기서 이상한 것은, 첫째, 아무리 한국에 지사가 없다지만 본사에서 부사장 두 명이 오는데 한국에서 대응하는 직원이 한 명도 없다는 것, 그리고 K-POP 아이돌들의 해외 공연과 프로모션을 담당하는 회사에 영어를 못하는 사람이 있을 수가 없다는 것이었다.

십 년이 넘게 통역을 하면서 내가 가장 꺼리는 상황은 두 가지다. 통역을 하는 자리에 영어를 잘하는 사람들이 끼는 것, 그리고 얼굴을 볼 수 없는 컨퍼런스 콜에서 전문 용어가 오고 가는 기술 미팅을 하는 것이다. 지난 통역에서 트라우마로 남을 만큼 호되게 겪고 얻은 것은, 예전 비즈니스의 전후 과정을 잘 알고 있는 '영어를 잘하는' 실무 담당자들이 배석하는 자리에 통역이 끼면 통역을 하는 것도 안 하는 것도 아닌 아주 애매한 상태가 된다는 것, 그리고 얼굴 표정도 볼 수 없는데 상대의 영어 억양에 적응도 못한 채 (상대도 영어가 모국어가 아닌 경우) 어려운 기술 관련 이슈를 계속 통역해야 하는 것도 재앙에 가까운 상황이다.

그나마, 내가 이 통역을 할 수 있겠다 느낀 것은, 온라인 회의가 아니었고 내게 제일 익숙한 북미 영어를 구사하는 미국인 1명과 호주인 1명(그나마 이메일에 나온 이름을 뒤져서 알아낸 정보)을 주로 대하면서 이들이 한국 에이전시 담당자들과 소통이 원활하도록 도와주면 되는 역할이라고 들었기 때문이었다. 게다가 K-POP 아이돌 월드 투어 관련 미팅이라니, 솔직히 반도체 포장 비밀 납품 업체의 통역보다 회의 아젠다부터 신나지 않은가!

사실, 한국을 찾아오는 외국인 바이어, 관계자들과의 미팅 통역 때, 내가 음악처럼 접했던 북미식 영어를 구사하는 찐 '미국인'을 만난 일은 거의 없었다. 그 동안, 나이지리아 대통령 통역 때는 나이지리아 국영 방송을 끼고 살고, 이탈리아인 통역 할 때는, 이탈리아인이 영어로 현지 법인설립과정을 설명하는 영상을 종일 틀어 놓으며 고생했던 걸 떠올리면서 광화문 호텔로 미국인 부사장을 만나러 가는 난, 내심 기대했다. 회의 주제도 어렵지 않고, 영어 액센트도 문제 없으니 3일간 예전의 통역과 달리 덜 스트레스 받으며 즐겁게 할 수 있지 않을까 하며 행복 회로를 돌렸다. 그러나, 왠지 마음속 깊은 구석 '영어를 못하는 사람' 찾기가 힘든 상황이지 않을까 했던 걱정은 쌔한 기운으로 사라지지 않았다.

아 … 아니나 다를까, 나이를 먹으면서 쌓이는 쌔한 기운의 '촉'
은 이번에도 틀리지 않았다. 미국인 여자 부사장은 상냥하고 친절
했지만, 한국에서 이 회사를 도와서 오랫동안 같이 일해 온 한국 에
이전시 회사가 있었고, 그 회사의 대표와 직원들이 모든 미팅에 다
같이 참여를 했다.

미국 회사 입장에서도, 지금까지는 한국의 현지 에이전시의 직원
들과 늘 같이 다니며 K-POP 아이돌 회사의 해외프로모션 담당자
들이 영어로 의사소통을 잘 해왔기 때문에 한 번도 통역을 써 본
적이 없다고 했다. 이번에 처음으로 외부 통역사를 고용한 것은,
K-POP 에이전시의 대표, 임원급들과 미팅을 할 때, 혹시 영어가 불
편한 상황이 생겼을 때를 대비해서 그리고 한국인들끼리 얘기가 오
갈 때 모든 말이 통역이 되는 건 아니기 때문에 그런 맥락을 적절히
눈치껏 통역을 해주길 바라서였다.

전 세계 굴지의 공연기획사가 자신들의 콘서트에 한국 아이돌 그
룹을 섭외하기 위해 '의전용' 통역사를 대동 해서까지 한국 공연관
계자들의 환심을 사고 싶어한다는 점이, 그동안 서구권 회사의 VIP
들을 위해서만 통역을 했던 상황이 역전된 셈이었다. 통역을 하면서,
한국의 팝 컬처 영향력이, K-POP의 위상이 이렇게 강렬하게 느껴진
적은 처음이었다.

내 안에 나도 모를 역사적 피해의식이 있었는지는 모르겠지만, 갑
과 을이 바뀐 듯한 상황에 한국인으로서는 짜릿함(?)이 있었지만 미

국 회사를 대변해서 통역을 해야 하는 내 입장에서는 영어를 어느 정도 할 줄 아는 '한국인'들이, 내가 가장 많은 눈치를 봐야 할 '갑'이었다. 한 달에 반 이상을 아이돌들과 함께 해외투어를 다니는 실무자들 사이에서 그들의 업무를 대신 설명해서 말해야 할 땐, 묘한 긴장감과 기 싸움이 느껴질 정도였다.

그리하여 '만일을 위해 고용된' 나는 3일간 서울의 용산, 홍대, 상암, 청담에 있는 회사들을 오가며 내가 모르는 예전 협력 프로젝트를 줄줄 꿰는 한국인 직원들 사이에서 입을 뗄 때마다 '얼마나 잘하나' 평가받는 기분이었다. 심지어 내가 아는 선에서 통역을 하면, 이 업계에 20년 이상 비즈니스를 해온 한국 에이전시의 대표님은 자신이 알고 있는 업계의 뒷이야기를 버무려 영어로 보충을 하셨다. (알고 보니 이분은 한국계 교포이셨음) 내가 아무리 잘한다고 한들, 그분이 갖고 있는 지식과 경험과 견줄 수 없었고, 그렇게 할 일도 아니었던 것이다.

게다가 한국인 임원들은 거의 다 알아 듣는 것 같은데 그걸 또 통역하면 기분 나빠할 것 같고, 어떤 부분은 못 알아들어서 나한테 묻고, 손은 끊임없이 회의 내용을 요약해서 적어댔지만, 머릿속은 어느 타이밍에 끼어들어서 통역을 해야 하는지 눈치보고 분위기 살피느라 길지 않은 회의 시간이어도 진이 빠지긴 마찬가지였다.

14년 동안 쌓은 나만의 통역 데이터베이스에 존재하지 않는 새로운 난관 속에서, 나는 3일간 고군분투했다. 영어를 애매하게 잘하는 사람들이 끼어 있는 회의가 어떨지 예상했던 어려움과 3일간 입을 뗄 때마다 평가 받는다는 예상하지 못했던 어려움 사이에서 나의 '언어 단지'는 혼돈 그 자체였다.

내 머릿속 영어와 한국어의 '단어 단지' 속에 같은 뜻을 찾아 연결해주는 화살표가 엉키면서 적확한 단어가 적절한 시점에 튀어 나오는 것이 아니라, 입을 열 때 마다 자꾸 꽝이 나오는 기분이었다. 한번 잃어버린 자신감은 어느 때보다 화기애애하게 진행될 거라 믿었던 (믿고 싶었던) 미팅에서 좀체 살아나지 않았고, 나는 내가 해왔던 통역들 중 가장 작은 목소리로 그 어떤 확신도 없이 위스퍼링 통역을 하는 모양새가 되었다.

그러다 미국의 티켓몬스터란 회사의 티켓 판매 독점 행태에 대한 얘기가 나왔고 지난 주말 내내 미국 공연산업 근황에 대한 기사를 찾아본 나는 미국 사법부가 어떻게 대응하고 있는지 알고 있었다. 미 사법부의 독점 판매 조치에 관한 부분은 그 자리에 있던 어떤 관계자도 나만큼 알고 있진 않았다. 내가 한국어로 된 기사를 읽어 주는 것처럼 통역을 끝냈을 때, 한국 회사의 임원분들은 '오…'라고 소리를 내며 얼굴엔 새롭고 중요한 정보를 얻은 표정이 가득했다. 그때가 3일간의 통역 중 나 스스로 부끄럽지 않았던 유일한 순간이었다.

그림자에는 영혼이 없어요

통역을 한다는 것은, 무대에서 철저히 그림자가 되는 삶이라고 했다. 주인공들이 그저 찬란하게 빛나도록 그들의 입이 대신 되어주는 역할 말이다. 예전의 한 지인이, 더는 '그림자'로 살고 싶지 않아서 통역 일을 그만둔다고 했을 때 나는 그게 어떤 종류의 답답함이나 좌절감을 품고 있는 말인지 잘 몰랐다.

왜냐하면, 나는 내가 '언어의 다리'를 놓는 사람이라고 여겼기 때문이다. 내가 다른 이의 입이나 번역기의 도움 없이 내가 '부리는 단어'들로 외국어를 쓰는 세계에 들어섰을 때, 뿌연 가림막이 씌어진 상태가 아니라 언어가 살아 있는 세계의 본질을 생생하게 마주한 느낌. 나의 언어로 현지의 온도와 습도를 느끼고, 사람들과 웃음을 주고 받고, 감사를 표현하고, 감탄하는 그 순간의 소통. 경계선 너머의 새로운 무언가를 늘 찾아 헤매는 나에게 그 '소통'의 순간은 그 어떤 성취감보다 값지고 행복한 순간이었다.

나에게 적지 않은 대가를 지불하는 고객들에게 나는 그들에게 내가 발견하고 느끼는 만큼 고객들이 똑같이 느꼈으면 했다. 작은 중소기업의 사활을 건 절실한 계약에서 민감하고 복잡한 이슈, 상대 측의 뉘앙스 등을 내가 포착한 만큼, 나의 고객들에게 생생하게 전달해 주고 싶었다. 그래서 나를 고용한 고객들이 내가 '대표님과 같은 마음'으로 통역을 한다는 것을 알아주는 게 가장 중요했다.

신흥 마피아 조직의 보스 같은 카리스마를 가진 이탈리아인 매니저도, 그 매니저의 기에 눌려 회의 내내 긴장했던 한국인 대표님도 마지막엔 내가 전해주는 말과 분위기로 화기애애하게 끝이 났고, 연락이 잘 되지 않는 애플사의 중국인 담당자에게 끈질기게 메일을 보내고 연락을 주고 받은 나에게 한국 중소기업 사장님은 무한 신뢰를 보냈었다. 그런 신뢰와 지지 속에서 형성된 라포(rapport)가 지금까지 내가 이 일을 해 올 수 있었던 가장 큰 원동력이란 것을 3일간의 통역을 통해 나는 알게 되었다. 이전의 다른 그 어떤 통역 일보다 더 잘 해내고 싶었고, 고객의 신뢰와 인정을 받고 싶었던 이번 일은 역설적이게도 매 순간 내가 지금 이 자리에 있는 것이 맞는가, 끊임없이 되물어야 했다. 내가 제일 무서워하는 '자격 미달'이란 꼬리표를 스스로 달고 말이다.

통역사는 '철저히' 그림자로 충실해야 한단 말에는 내가 추구해왔던 그런 '라포'가 없다. 감정을 철저히 배재한 채, 정확하고, 적확한 단어와 표현을 전달하는 역할에 최우선을 두어야 한다. 물론 통역의 기본을 논하자면 무조건 맞는 말이다. 언어를 해석하고 재창조해서 전달하는 과정의 매개자로서 가장 근본적인 자질은 '사실'을 정확히 전달할 수 있는 실력이란 것에 전적으로 동의한다.

그러나, 나는 앞으로도 '그림자'로 살 수 있을 것 같지 않다. Chat GPT등의 AI가 발전하면 할수록 제일 먼저 대체될 직업으로 늘 거론되던 통역, 번역이 AI처럼 사실 전달에만 충실하다면 그 그림자의 역할을 AI가 맡게 될 것이다. 사실 기술서, 의학서 등의 분야에서 AI가 주도적으로 쓰이고 있다는 건 이미 더 이상 새로울 것이 없는 현실이다. AI의 기술을 이용해 고래들의 울음소리를 10년간 모아서 일정한 규칙을 찾아 고래 언어의 알파벳을 만든다든지, 화석처럼 굳어버린 고대 파피루스 문헌의 문자들을 투시로 읽어 내용을 알아냈다는 얘기를 들을 때마다 나는 그 기술의 천문학적인 효율성에 압도되지만 찰나 같은 짧은 순간, 다른 언어가 오고 가는 시공간의 매개체로 우뚝 서서, 정보뿐만 아니라 감정과 맥락을 이어주는 역할을 AI가 해 낼 수 없으리라 확신이 있다.

최근 몇 년 간, AI가 전 세계의 거의 모든 산업 분야에 존재감을 드러냈을 때, 내가 한국어, 영어로 하던 성우 일도, 통번역 일도 1/3로 줄어든 때가 있었다. 단편적으로, AI때문에 나는 더 이상 내가 해오던 일을 못하게 될 것이라 생각했다. 어쩌다 맡은 일도 잘 안 풀리거나, 견적을 자꾸만 깎으려고 하는 고객들과 씨름 할 때 마다 이 모든 것이 AI 때문이라며 타박을 했다. 그러다 시간이 지나면서 과연 이 모든 것이 AI 때문일까를 의심하기도 하고, 지옥의 끝판왕 같은 이미지로 AI를 미워하다가, 인정했다가, 이제는 애써 무감정의 상태로 객관적인 시선으로 보려고 노력하는 시기가 된 듯하다.

더불어 한창 일을 많이 할 때에 비하면, 많이 하는 건 아니지만 간헐적으로라도 일을 이어가며 AI와 전쟁 치르듯이 최근 2년을 보내면서 '나에게 마지막까지 남은 것이 무엇인가, 나는 왜 아직도 이 길을 걷고 있나'라고 스스로에게 묻는 시간이 많아졌다.

언어의 교각

AI의 발전 기술을 인간이 따라잡을 수 없다는 얘기를 들을 때마다, 나는 눈을 감고 우주의 크기를 가늠해본다. 오로지 빛만이 따라 잡을 수 있는 '광년'의 시공간만 해도 압도적인데, 지금 내 눈에 보이는 별들이 속한 우리은하의 지름이 10만 광년이라고 했다. 그런 은하가 우주엔 수천억 개가 존재한다는데, 우리은하에서도 작디작은 태양, 지구는 그 작은 태양의 1만 2,000분의 1밖에 되지 않는다.

그 작은 지구에서도, 작디 작은 나라, 한국에 살고 있는 나란 존재의 하찮음을 머릿속에서 계량 하다 보면, 우주처럼 광활한 언어의 바다에서 그야말로 하찮게 헤엄치고 있는 내가 떠오른다. 끊임없이 팽창하는 우주처럼 내가 속한 언어의 바다도 점점 확장된다. 온갖 새로운 지식과 정보들이 떠다니는 깊고 광활한 언어의 바다에서 내 손에 걸리는 단어들을 주섬주섬 주워서 낡고 오래된 망태기에 넣는다.

언어 전달자로서 내가 가진 도구는 AI처럼 세련되지도 압도적이지도 않지만, 혼란과 무기력의 시간을 보내고 나서 깨달은 나의 정체성은 '단어를 부리는 사람'이다. Chat GPT처럼, 질문에 엔터를 치자마자 속사포처럼 답을 쏟아내는 기능은 할 수 없지만, 상황과 맥락을 이해하고 내가 부리는 단어들로 새로운 뜻과 힘, 에너지를 가진 단어를 조합하여, 전혀 다른 세계에 존재하던 이들이 내가 놓은 다리로 만나는, '소통'하게 되는 그 순간을 지향하는 사람 말이다.

십 년이 넘게 한 분야에 매진하면 '통제할 수 있는' 것들이 늘어나고 일을 할수록 '완전함'에 가까워진다고 믿었던 나의 자신감, 깜냥이 지난 3일간의 통역을 통해 산산이 부서지고 다시 출발선에 서게 되었다.

앞으로 나는 어떤 단어들을 부리며 살아야 할까?

AI와 같은 수준의 통역을 기대하고 요구하는 이들에게 나는 무엇을 말할 수 있을까? 앞으로 얼마나 통역 일을 더 할 수 있을지 모르겠지만, 내가 만드는 언어의 교각은 오작교 같은 물성이었으면 좋겠다. 다리 건너편에 서 있는 이들의 서사와 간절함으로 만들어진 다리, 다른 차원에 존재하던 이들이 만나서 소통할 수 있게 없던 길을 만들어 주는 다리 말이다.

끝없이 팽창하는 우주의 광활함에 압도되어, 미립자보다 더 작은 내 존재를 부정하기보다 지금 내 눈앞에 반짝이는 별 하나에 나의 단어를 붙여본다. 다른 누군가의 눈에 띄지 않아도, 어디선가 나름의 색과 온도로 잔다랗게 빛나고 있는 별처럼, 내 언어의 우주 속에서 그러모은 단어들도 제각각 빛을 내고 있다. 앞으로 어떤 길을 선택하든지, 나는 나의 별이 빛나는 곳에 서 있을 것이다.

김연경(Claire Kim)

15년차 국제행사 통번역사 | 진행자 | 성우

LIFE
&
WORK

LIFE & WORK

정치적 올바름, 이게 최선입니까?

" 레닌과 트로츠키, 스탈린 간의 논쟁에서 레닌의 신경제정책NEP은 일시적으로 자본주의적 요소를 도입하는 것이었으나 당시 일부 공산주의자들은 이것이 "정치적으로 올바르지 않다"고 비판했다. 자본주의를 타협적으로 받아들이는 것이 이념적으로 잘못되었다고 본 것인데 레닌은 장기적인 프롤레타리아 혁명을 위한 전략적 타협이라고 주장했다.

'광풍처럼 불던 정치적 올바름' … 미 PC주의 이젠 시들

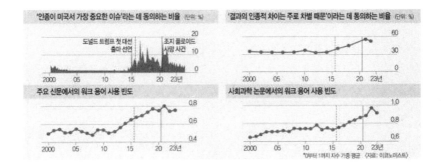

'PC'(political correctness·정치적 올바름)에 대한 미국인의 관심이 2020년 전후를 정점으로 하락세를 보이고 있다고 영국 시사지 이코노미스트가 21일(현지시간) 분석했다. '워크'(woke·깨어 있음)로도 잘 알려진 PC는 인종, 성별, 문화 등 모든 사회적 영역에서 편견과 차별을 비판하려는 정치적 태도를 뜻한다.

PC가 미국에서 본격화된 시점은 2015년 전후로 추정된다. 도널드 트럼프가 첫 대권 도전에 나서면서 미국 사회에 상당한 논란을 야기하던 때다. 이후 PC는 미투(MeToo)운동, '흑인 목숨도 소중하다(BLM)'운동을 거치며 최고조에 달했다가 최근 들어서는 미국인의 관심에서 점차 멀어지고 있는 것으로 나타났다.

출처- 국민일보 (2024-09-23)

폴리티컬 코렉트니스의 기원과 변천

  '정치적 올바름(혹은 폴리티컬 코렉트니스Political Correctness)'은 차별적인 언어 사용을 금지하자는 개념으로, 주로 사회적 약자나 소수 집단에 대한 존중을 강조해왔다. 인종이나 성별, 성적 지향 및 장애 등과 관련된 편견을 타파하고 모두에게 공정한 표현을 사용하자는 의도로 쓰고는 있다.

  그러나 본디 '폴리티컬 코렉트니스'라는 개념은 1930년대 처음 등장한 것으로 알려져 있다. 당시에는 주로 마르크스주의에 의거한 정치 운동에서 특정 이념이나 행동이 '정치적으로 올바른지'를 논의하는 용어로 사용되었다. 즉, 사회주의에서 이론적인 관점이 그에 합당한지 여부를 판단하는 의미로 쓰인 것이다. 이를테면, 소련 내에서 농업 집단화 정책을 추진할 때 일부 농민이 이 정책에 반대하거나 사유재산 보호를 주장할 경우, 그들의 입장은 "정치적으로 올바르지 않다"고 규정할 수 있었다. 개인의 이익을 강조하는 것이 사회주의 원칙인 집단 소유와 공산주의적 이념에 어긋난다고 보기 때문이다.

공산주의 혁명가 사이에서도 혁명의 방향과 전략을 두고 논쟁이 자주 있었다. 이때 "정치적 올바름"은 특정한 혁명 전략이 프롤레타리아 계급의 해방을 위한 가장 정확한 길인지 아닌지를 따지기 위해 사용되었다. 혁명 지도자들이 서로 다른 전략을 제시할 때 어떤 전략이 더 이념적으로 '올바른가'에 대한 논쟁이 벌어진 것이다. 예컨대, 레닌과 트로츠키, 스탈린 간의 논쟁에서 레닌의 신경제정책NEP은 일시적으로 자본주의적 요소를 도입하는 것이었으나 당시 일부 공산주의자들은 이것이 "정치적으로 올바르지 않다"고 비판했다. 자본주의를 타협적으로 받아들이는 것이 이념적으로 잘못되었다고 본 것인데 레닌은 장기적인 프롤레타리아 혁명을 위한 전략적 타협이라고 주장했다.

중국 마오쩌둥 시대에는 문화대혁명이 벌어지면서 정치적 올바름의 기준이 더욱 엄격해졌다. 당시 마오쩌둥 사상에 부합하지 않는 행위나 사상은 '정치적으로 올바르지 않다'는 비판을 받으며 많은 지식인들이 처벌을 받았다. 마오주의적 해석에 따라 행동하거나 이념에 맞추는 것이 '정치적 올바름'의 기준이 된 탓에 사상이나 표현의 자유는 크게 제한되었다.

폴리티컬 코렉트니스에 대한 현대적인 의미는 1980년대 미국에서 확산되기 시작했다. 알다시피, 사회적·문화적으로 차별적인 언어와 행동을 피하자는 의도를 가리키는 용어로 자리 잡은 것이다. 특히 대학 캠퍼스에서는 성차별과 인종차별 성소수자에 대한 혐오적 발언 등을 예방하기 위해 언어의 중요성이 한층 강조되었고 엔터테인먼트 업계에서도 변화의 바람이 불고 있는 추세다.

2023년 개봉된 「인어공주」 실사판을 보면 흑인 여배우 할리 베일리Halle Bailey가 주인공 아리엘로 캐스팅되었는데 이 또한 인종의 다양성을 반영하려는 시도로 보고 있다. 하지만 PC주의가 기존의 문화적 설정을 지나치게 날조하고 있다는 반론을 불러일으키기도 했다. 아무리 그래도 '원작은 건드리지 말아야 한다'는 것이 필자의 지론이긴 하다.

그뿐 아니라 성소수자LGBTQ 캐릭터의 등장도 빈번해지고 있으며 성적 지향과 젠더 정체성을 두고도 각종 스토리가 펼쳐지고 있다. 소외된 성소수자 커뮤니티를 인정하라는 의도겠지만 한편으로는 서사를 불필요하게 바꾸거나 강요한다는 느낌을 지울 수 없다는 반응도 있다. 이처럼 보수층에서는 정치적 올바름이 표현의 자유를 억압하고 과도하게 민감한 사회적 분위기를 조장한다는 뜻을 피력하고 있다. 그들은 이를 줄여 'PC주의'라는 말을 쓰곤 한다.

유명한 미드, 「미세스 아메리카Mrs. America」의 주인공이자 『페미니스트 판타지아Feminist Fantasies』를 쓴 필리스 슐래플리는 폴리티컬 코렉트니스를 다음과 같이 꼬집었다.

"맨메이드(man-made, 인공)는 아티피셜artificial로, 스폭스맨(spokesman, 대변인)은 레프리젠터티브representative로 바꾸어야 한다. 하지만 어구를 바꾸면 뜻도 달라지게 마련이다. 이를테면, 스테이츠맨(statesmen, 정치가)은 디플로맷(diplomat, 외교관)으로 교체하라는데, 모든 스테이츠맨이 디플로맷은 아니며 모든 디플로맷이 스테이츠맨인 것도 아니다.

어떤 어구는 소프트웨어 프로그램에 큰 충격trauma을 주어 '피하라avoid'는 명령어가 직설적으로 튀어나온다. 예컨대, 마초(macho, 짐승남)와 맨리니스(manliness, 남성다움), 맨리(manly, 남자다운), 레이디라이크(ladylike, 숙녀다운), 젠틀맨리(gentlemanly, 신사다운) 및 맨파워(manpower, 인력)가 검열 대상이었다.

이때 진짜 문제가 본격적으로 터지기 시작했다. 소프트웨어는 그룸스맨(groomsman, 신랑 들러리)을 그룸(groom, 신랑)으로 바꿔야 한다고 말한다. 하지만 신랑은 신부를 데려오는 남자를, 신랑 들러리는 신랑이 결혼반지를 잃어버리지 않고 교회까지 올 수 있도록 도와주는 친구를 가리킨다. 신랑 들러리라면 자신이 신랑과 맞바꿀 수 있다는 데 상당히 놀랄 것이다."

폴리티컬 코렉트니스에 '정치'는 없다

PC에 의거해서 기존에 쓰던 어구를 억지로 바꾸면 자가당착에 빠질 수 있다는 이야기인데, 필자가 '폴리티컬 코렉트니스' 이야기를 꺼낸 궁극적인 화두는 번역문의 정확성과 합리성 및 타당성에 있다. 본디 사회주의적 이념에 합당한가를 규정하는 표현으로는 정치적 올바름이 맞겠지만 현대적인 의미는 여기서 크게 벗어난 지 오래다. 그러니 사회주의에서 썼던 낡은 어구를 차용했더라도 이를 옮길 때는 독자나 시청자가 뜻을 오해하지 않도록 적절히 바꾸어야 하지 않을까. 요즘 쓰는 PC주의는 '정치'하고는 전혀 관계가 없다. 자칫

하면 성차별이나 소수 집단에 대한 존중이 마치 정치적 행위와 밀접하게 관련이 있는 것처럼 해석될 수 있다. 그런 의미에서 조던 B. 피터슨 등이 공저한 책 『정치적 올바름에 대하여Political Correctness』는 제목에서 많은 아쉬움이 남는다.

이를테면, '사회적 평등을 지향하며'나 '차별철폐에 대하여,' 혹은 '문화적 감수성에 대하여,' '사회적 공정과 배려에 대하여,' '포용하는 문화에 대하여' 등으로 바꾸면 어떨까. 너무 긍정적인 표현인지라 보수층에서는 반론의 여지도 만만치는 않겠지만 말이다.

언어는 단순히 생각을 표현하는 도구가 아니라 사회적 맥락을 만들어가는 힘이다. '정치적 올바름'이라는 번역문은 미국에서 확산될 때부터 애당초 문제를 제기했어야 마땅했으니 시기가 많이 늦긴 했다. 무분별한 직역은 본래의 취지를 온전히 전달하지 못하는 데다 오해를 불러일으킬 수 있다. 이뿐 아니라 사회의 무관심 속에 무비판적으로, 생각 없이 수용해온 오역에 대해서는 사회적 공론으로 바로잡아야 할 것이다.

LIFE & WORK

책을 옮기며 느낀 것들

> 번역가로 살아남는 유일한 길은 실력을 기르는 것이라고들 한다. 틀린 말은 아니지만 실력이 있다고 해서 다 성공하는 건 아니다. 연줄과 인맥이 있어야 가능한 이야기일 수도 있다. 아주 오래전, 어느 번역단체에서 주최하는 세미나에 간 적이 있다. 아주 유명하진 않지만 출판 번역계에서 제법 꾸준히 밥줄을 이어가고 있다는 번역가 둘이 경험담을 이어갔다.

책을 번역한다는 것

책을 옮기려면 우선 인내심과 지구력이 절실히 필요하다. 그래서 주의가 산만한 필자가 지금까지 어떻게 수십 종의 출판물을 옮겼는지 의구심이 들곤 한다. 몇 시간에 해결되는 프로젝트가 아니다 보니 한 달 이상의 장기적인 안목을 갖고 차근차근 풀어나가야 할진대 그게 쉽지가 않다. 아무리 생각해도 번역은 적성에 맞지 않는다. 그럼에도 참 오랫동안 버텨왔다. 그놈의 이름 석 자 때문인지도 모르겠다.

이번에도 책을 한 권 옮길 생각이다. 벌써 걱정이 앞선다. 한두 달씩 '집중모드'로 버틸 수 있을까? 다행인 건 AI와 첨단 번역기가 있다는 사실. 물론 완벽하진 않지만 수고를 덜어준다는 것만은 확실하다. 챗GPT는 문장에서 내가 이해하지 못한 내용을 쉽게 해설해주니 정확성을 더 높일 수 있고 첨단 번역기가 초벌을 해주면 작업시간이 줄어든다(초벌번역은 번역기에나 쓸 수 있는 표현이다). 연도나 날짜 등은 거의 틀리는 법이 없다. 번역기는 개인적으로 딥엘DeepL을 추천한다. 『페미니스트 판타지아Feminist Fantasies』를 번역할 때 딥엘을 활용했는데 다들 매끄럽게 옮겼다고 입을 모으더라. 필자보다 유명한 번역가도 가독성이 높고 고생한 흔적이 보인다고 극찬했다.

이제 번역기와 AI는 유익한 번역 도구일 뿐 아니라 절대적인 도우미로 자리를 잡은 듯하다. 예전 같으면 실력이 없거나 엉터리 번역을 가리켜 '번역기를 돌렸다'는 식으로 폄하했지만 지금은 상황이 많이 달라졌다. 결과물이 중요하니 배경지식이 짧고 독해력도 부족하다면 적극적으로 활용해야 한다. 과정은 중요하지 않다. 오로지 결과물end product로 승부할 뿐이다. 글을 아무리 읽어도 모르겠다면 챗GPT에 물어보라. 번역기 앞에서 갈팡질팡 고민하지 말라.

데뷔작

거름 출판사에서 첫 데뷔작이 출간되었다. 얼떨결에 일을 벌인 기분이 들었다. 뒤늦게 알게 되었지만, 그때만 해도 번역회사가 챙기는 수수료가 내 번역료보다 높을 때였는데도 기분이 나쁘지가 않았다. 책에 이름을 남긴다는 것이 어떤 의미를 갖는지 너무도 잘 알았던 번역회사는 이를 미끼로 꽤 높은 수익을 챙겨온 셈이다. 지금은 에이전시에 소속된 번역가들의 형편이 나아졌는지 모르겠다. 일찌감치 에이전시를 탈출한(?) 필자로서 번역인의 삶이 피폐해지지 않으면 좋겠다. 너무 어렵고도 서럽게 살아서 하는 말이다.

번역가로 살아남는 유일한 길은 실력을 기르는 것이라고들 한다. 틀린 말은 아니지만 실력이 있다고 해서 다 성공하는 건 아니다. 연줄과 인맥이 있어야 가능한 이야기일 수도 있다. 아주 오래전, 어느 번역단체에서 주최하는 세미나에 간 적이 있다. 아주 유명하진 않지만 출판번역계에서 제법 꾸준히 밥줄을 이어가고 있다는 번역가 둘이 경험담을 이어갔다. 어느 한 분은 대학 후배가 출판사 편집부에 있어 나락으로 빠질 것만 같았던 자신이 기적적으로 기사회생, 그 이후로 소설 번역가로 입지를 다질 수 있었다고 한다(그럼 연줄이 없는 사람은 어떻게 하라는 건지 …).

번역 지망생으로부터 그런 질문을 많이 받는다. 어떻게 해야 책을 번역할 수 있느냐, 출판사에 찾아가야 하느냐, 등. 선배로서 도와줄 수 있는 영역이 아니다 보니 난감할 때가 더러 있다. 다짜고짜 실력을 키우면 언제든 기회가 찾아올 거라는 막연한 희망은 고문일지도 모른다. 물론 실력이 있으면 기회를 잡기 수월하겠지만 실력이라는 것은 외국어 독해 실력과 이를 정확히 옮길 수 있는 글발인데 이는 편집자의 취향과도 맞아떨어져야 한다는 조건이 따른다. 그래서 번역이 어렵다.

대개는 딱딱한 번역투보다는 매끄럽게 읽히는 글을 선호하기 때문에 마치 한국인이 쓴 글이라는 착각을 불러일으킬 정도로 옮기면 좋을 것이다. 정답은 아니지만 샘플 번역에서 경쟁자를 누를 가능성은 높아진다. 한글 필사가 많은 도움이 된다. 한영이라면 외국인이 쓴 기사나 글을 필사하면 된다. 필사는 내가 익숙지 않은 표현을 손에 익숙하게 하고 매끄러운 글을 체화하는 데 효과가 있다. 능동적인 필사는 글을 읽고 기억장치에 저장한 내용을 토대로 글을 재구성하여 원문과 대조해보는 것이다. 외국어 전문가들도 이구동성으로 필사를 추천한다. 뭐든 수동적으로 단순히 베껴 쓰는 것보다는 능동적으로 기억력을 최대한 가동시키고 뇌를 십분 활용하는 방법이 낫다는 것이다. 수동적인 필사라도 달달 외울 정도로 베껴 쓰면 효과를 볼 수 있다.

실력이 없는데 덥석 책을 문다면?

실력이 없는 상태에서 무턱대고 책을 번역하면 '대대로' 애를 먹는다. 실력이 있다손 치더라도 누구의 부탁으로 자신이 없는 분야에 손을 대는 경우도 있는데, 후회막급일 테니 작품 앞에서는 신중히 생각하고 결정하기 바란다. 책이 출간돼도 선뜻 증정본을 건넬 수도 없거니와 "내가 옮겼다"는 말조차 할 수 없게 되기 때문이다. 행여 서평이라도 볼라치면 읽기도 전에 욕을 써놨을 것이라 지레짐작하게 되고, 하여튼 괴롭다. 몇십 년이 지나도 그렇다.

선배 번역가가 쓴 책도 실력을 키우는 데 보탬이 된다. 이를테면, 관계대명사는 어떻게 옮길 것인지, 명사와 전치사가 얽히고설켜 잘 안 풀리는 문장은 어떻게 해결할지, 번역가 선배들은 경험을 통해 실마리를 축적해 두었으니 그들의 노하우를 활용하면 좋을 것이다.

필자가 집필한 『명사독파』도 번역가의 필독서로 추천한다. 낯뜨겁게 무슨 자기 책 홍보냐며 핀잔을 주고 싶겠지만 어느 통역사가 알려준 독해기술인데 그분이 20년이 지나도록 여태 책을 내지 않아 필자가 예문을 바꾸고 내용을 재구성 및 보강해서 낸 것이다. 시중에 출간된 책 중에는 이 노하우를 알려주는 책이 단 한 권도 없다. 영어 교과서에 실리면 금상첨화일 텐데 인지도가 낮아 아쉬울 따름이다. 영어가 어느 정도 마무리가 되는 느낌이라는 서평이 더러 눈에 띈다.

번역가는 자기만족으로 산다. 자유시간을 마음대로 조정할 수 있지만, 번역료는 조율이 거의 불가능하다. 대개는 책이 출간된 후라야 받을 수 있어 돈 구경하기가 어렵다. 그렇다고 거액을 받는 것도 아니다. 번역료는 세월이 지나도 거의 오르지 않는다. 웬만한 연봉은 다 오르는데 번역료만 안 오르는 것 같다.

그런데도 15년 넘게 해왔다. 지금은 번역 중개도 하고 직접 번역도 하고, 옮긴 책을 출간도 하지만 책과 관련해서는 번역이든 출판이든 돈벌이하고는 거리가 멀다.

번역가는 내용을 창작하지 않는다

번역은 글쓰기의 즐거움을 준다. 하지만 작가가 만끽하는 창작의 즐거움과는 다소 거리가 있다. 번역은 원저자의 가이드라인을 준수해야 한다. 선을 넘으면 안 된다는 것인데, '저자가 의도한 의미'라는 선(혹은 가이드라인) 안에서만 자유가 허용된다. 번역가는 창작을 하는 사람이 아니다. 내용이 정해진 이상 창작은 필요하지 않기 때문이다. 번역가는 내용을 한국인이 쉽게 이해할 수 있도록 징검다리 역할만 해주면 그만이다. 이때 필요한 건 말의 미묘한 차이를 나타내는 뉘앙스다. '아' 다르고 '어' 다르다고 했다. 같은 의미라도 어떤 어휘를 쓰느냐에 따라 분위기와 무게감이 달라지게 마련이다. 그러니 번역가는 전후 맥락에 맞게 어구를 선택해야 한다. 이를테면, 어떤 단어를 쓰느냐에 따라 죽음도 각각 다르게 느껴진다.

죽다, 뒈지다, 소천하다, 서거하다, 운명하다, 돌아가시다, 황천길 가다, 피살되다, 세상을 떠나다, 작고하다, 별세하다, 고인이 되다, 타계하다 등.

한영번역이 어려운 이유도 마찬가지다. 동의어 사전Thesaurus Dictionary을 보면 비슷한 어휘가 친절하게 잘 나와 있지만 뉘앙스나 어법 혹은 속뜻을 알지 못한 채 섣불리 쓰면 낭패를 볼 수가 있다. 글에 안 어울리는 옷을 입힌 느낌이랄까. 동의어도 어떤 상황에서 쓰이는지 일일이 따져보면서 공부해야 한다. 역시 쉽지가 않다.

외국어만 잘하면 얼추 할 수 있겠다는 가벼운 마음으로 번역에 뛰어드는 사람들이 있다. 통번역은 고급 테크닉이 필요한 전문직이다. 통역은 말로, 번역은 글로 외국어와 모국어를 완벽히 소화해야 한다. 그러니 가벼운 마음으로 뛰어들면 가볍게 퇴출당하는 것이 이 세계의 진리다. 아니, 호락호락한 건 세상에 없다.

그럼 어느 정도까지 실력을 키워야 하느냐고 묻는 사람이 있다. 번역은 특성상 현업에 뛰어들더라도 공부를 제쳐둘 수 없는 직종이다. 살짝 어렵더라도 책을 읽을 수 있는 실력이라면 바로 뛰어들되, 글을 옮기는 테크닉이나 외국어 실력은 계속 닦아야 한다. 외서 기획서를 작성해서 출판사 100여 군데에 뿌려두면 그것 하나가 출판사의 귀중한 정보자산이 된다. 나중에 연락이 올지도 모르니 부지런히 발송하라. 즉답이 없다고 해서, 출간 방향과 맞지 않는다고 해서 탄식할 필요는 없다. 정말 100군데 이상인지부터 확인하라.

LIFE & WORK

출판을 하며 느낀 것들

" 출판사도 회사이고 이를 가동시키는 궁극적인 동력은 돈이다. 자본이 동력이라는 이 중요한 원칙을 잊는 순간, 회사는 나락으로 빠지는데 이런 기본 중의 기본을 망각한 채 순진한 생각으로 출판사를 차리는 사람들이 많은 듯하다. 자기가 글을 쓰거나, 옮겨서 책을 내면 뭔가 될 것 같다는 막연한 생각은 그냥 판타지일 뿐이다.

2016년 6월, 밀린 번역료 500만원을 받아 출판사를 개업했다. 벌써 8년차라, 세월이 정말 빠르다. 야속하리만치 속히 날아간다. 원래 자기 책 내고 싶어 창업하는 사람이 부지기수이지만 나는 불안정한 번역가 생활을 청산하고 싶어 출판이라는 길을 선택했다. 제때 돈 구경하는 것이 하늘의 별 따기였으니 말이다.

　　출판사도 회사이고 이를 가동시키는 궁극적인 동력은 돈이다. 자본이 동력이라는 이 중요한 원칙을 잊는 순간, 회사는 나락으로 빠지는데 이런 기본 중의 기본을 망각한 채 순진한 생각으로 출판사를 차리는 사람들이 많은 듯하다. 자기가 글을 쓰거나, 옮겨서 책을 내면 뭔가 될 것 같다는 막연한 생각은 그냥 판타지일 뿐이다.

출판 관련 재단에서 발표한 통계가 있다. 작년 출간된 초판 종수인데, 이를 365로 나누었더니 기가 막힌 숫자가 나왔다.

172.232877

하루에 172종 정도 책이 나왔다는 소리다. 학습서, 소설, 역사책, 무협지, 만화 할 것 없이 모든 책을 아우르는 숫자일 터. 옛날에는 "일주일에 200권씩 쏟아진다"는 말을 어디선가 들은 적이 있는데 출판업계가 불황이 맞긴 한 건지 의문이 들 정도로 책이 범람하고 있다.

필자가 책을 출간한 당일에도 172종이 나왔다면 '이토록 치열한 경쟁 속에서 내 책이 어찌어찌 만들어져 주목을 받았다는 것 자체가 기적'이라고 봐야 하지 않을까. 회사가 정말 어려울 때 경기도에서 주는 지원금으로 책을 제작했고, 크라우드 펀딩으로 겨우 인쇄비를 건진 적도 있는가 하면 저자가 제작비 일체를 전부 부담해 비교적 느긋하게 책을 제작한 적도 있다.

신간이 나와야 출판사에 현금이 도는 건 사실이지만 만든다고 해서 다 '해피엔딩'은 아니다. 출판인 입장에서 8년, 10년이 지나도 변치 않는 진리는 "사람은 책을 만들고, 책은 사람을 만든다"가 아니라, "책은 만드는 것보다 파는 게 더 어렵다"는 것. 팔리지 않는 책은 가치가 없다. 『번역하다』도 예외는 아닐 것이다.

책은 홍보를 안 해서 안 팔리는 것도 아니고, 홍보를 잘한다고 팔리는 것도 아니다. 거금 200만원을 투자해 인스타 50만 조회를 달성해도 10여 만원어치 매출에 그치기도 했다. 독자의 판단은 언제나 옳다. '왜 이 책을 안 사지?'라며 원망은 할 수 있을지언정 그들의 수준을 얕잡아볼 수는 없다. 독자는 호락호락하지 않을 뿐이다.

매달 원고 섭외도 힘들고 어렵사리 만들어도 팔리지 않는, 한마디로 독자의 선택을 받지 못한 매거진 『번역하다』를 아직도 발행하고 있다. 벌써 30호라니. 인지도를 쌓으려면 물리적인 시간이 필요하다는 신념 때문에 버텨왔다. '번역'이라는 담론을 공론화하는 데 아주 미미하게나마 일조했다는 자긍심은 부차적인 문제다. 뭐든 팔려야 장땡이니까. 출판번역 시장에서 허리띠 졸라매며 10년을 버텼고 어렵다며 혀를 내두르는 출판 시장에서도 8년을 근근이 버티고 있다. 믿는 구석이 아주 없지는 않지만 희박한 가능성에서 훗날 만끽할 성취감의 정도를 차츰차츰 쌓아가고 있다.

시행착오의 연속

출판은 시행착오의 연속이다. 하나를 수습하고 나면 또 한 건이 터지고, 터무니없는 비용을 투입했어도 이를 잘 인지하지 못하다가 나중에 가서야 '바가지'였구나를 깨닫게 된다. 업종을 막론하고 정보력과 근면은 곧 비용 절감과 매출로 직결된다. 당연한 이야기지만, 최소한의 비용으로 최대한의 수익을 창출한다면 그것만큼 금상첨화는 없을 것이다. 제작비를 줄이려면 인세나 번역료, 혹은 원출판사에 지급하는 저작권료를 낮춰야 하는데, 그래서 필자가 번역과 디자인을 직접 하고 저작권이 만료된 작품을 골라 책을 내곤 했다. 그중 비교적 많이 팔린 책은 『어린왕자 필사노트(영어)』로 약 2,000부 남짓 팔렸다. 첩보 요원이 쓴 『심리전이란 무엇인가?Psychological Warfare』는 초판 1,000부가 소진되기 직전이다.

"2,000부? 고작 2,000부?"

그렇다, 요즘 출판사들이 초판을 평균 1,000부 정도 찍는데 이를 소진하기가 쉽지 않다. 지금까지 출간한 50여 권 중에서 1,000부를 넘긴 책은 다섯 종 남짓 된다. 그만큼 팔기가 어렵다는 이야기다.

저작권이 만료된 책은 누구나 번역해서 책을 내도 되지만 현대 영어와 달라 옮기기 어렵고 시대에 맞지 않은 까닭에 독자 입장에서는 매력이 떨어진다. 싼 게 비지떡인 셈이다. 군이 살 이유가 없으니 제작비를 건지는 것도 쉽지가 않다. 저작권료는 대개 선인세로 지급되는데 처음부터 큰돈(경험상 평균 2,000,000~3,000,000원)이 나가고 여기에 인쇄비까지 더해지면 이를 보전하기란 더더욱 어려울 게 뻔하다. 외서 출간이 망설여지는 까닭이다. 요즘 번역서 종수가 크게 감소한 이유도 이 때문이다.

디자인은 창업 전 학원에서 배웠다. 방학특강 속성반으로 인디자인과 포토샵, 그리고 일러스트레이터를 한 달 반 동안 가르치는 특강을 이용했다. 1인 출판사가 초판 1,000부를 팔 수 없는 상황에서 디자인을 직접 감당하지 못하면 회사는 금세 문을 닫을 수밖에 없다. 책 디자인은 표지와 내지를 합해 못해도 2,000,000원은 줘야 하는 데다, 원자재인 종잇값은 1년에 몇 차례씩 올라 책값도 덩달아 동반상승해왔다. 이때 구매자는 책값 인상에 부담을 느낄 수밖에 없으니 결국 매출은 떨어지는 게 상식적인 수순이다. 설상가상으로, 인쇄비는 업체마다 천양지차인지라 견적을 받아보면 50만원 이상 차이가 나기도 한다. 정신을 차리지 않으면 눈앞에서 '눈탱이'를 쳐도 모를 판이다. 이는 정보력이 비용 절감에 매우 중요하다는 방증이다.

번역가를 찾아야 할 때

비용 절감이 바람직하긴 하지만 어떤 책은 부득이 번역가를 찾아야 한다. 촌각을 다투는 작품이 그렇다. 한시라도 빨리 내야 승산이 있는 책이라면 욕심을 조금 버려야 한다. 『글로벌 트렌드 2040』은 국가정보위원회NIC가 대통령이 바뀌는 4년마다 발간하는 트렌드 분석서로 전 세계에서 공신력을 인정하는 보고서이다. 게다가 별도의 계약이 필요 없는 퍼블릭 도메인이라 너도나도 눈독을 들이는 문헌이기도 하다. 예컨대, 『글로벌 트렌드 2030(이하 2030)』는 무려 3개의 출판사가 여러 번역가를 고용해 부랴부랴 출간했는데 2025로 쏠쏠한 재미를 본 출판사가 2035까지 대승을 거두다가 무슨 영문인지 2040에는 손을 뗐다. 단물이 다 빠졌다고 생각했던 모양이다. 그게 맞는 판단이었을지도 모르겠다. 필자가 2040을 냈을 때는 이미 1,000부도 팔리지 않는 비운의 보고서로 전락하고 말았으니까. 한울 출판사는 2025(2009년 출간)부터 4년마다 꾸준히 내고 있다. 역시 번역가 4명을 고용해 속도전에서 승부를 보려고 했겠지만 역시 판매 지수 기준으로 볼 때 성적은 좋지 못했다.

미국 대선이 다시 다가오고 있다. 대선이 끝나면 해리스든 트럼프 든, 둘 중 하나는 『글로벌 트렌드 2045』 보고서를 받을 테고 그즈음 한울과 나는 다시금 속도전을 치르고 있을 것이다. 아니, 경쟁자가 더 늘어날지도 모를 일이다. AI의 도움을 받아 번역가를 한 명이라도 줄일 수 있으면 좋겠다. 표지에 번역가 이름이 많으면 쪼개기 번역을 했다는 사실이 그대로 노출되어 번역의 품질이 도마에 오를 수 있다. 같은 보고서를 네 명이 옮기면 용어도 다르고 필체도 다를 수밖에 없는데 편집자가 중간에서 아무리 이를 바로잡고 용어를 통일시킨다 해도 한정된 시간에 완벽히 마무리하기에는 역부족일 것이다. 내년 2025년 초에도 보고서가 나올 것이다. 필자 입장에서는 2045에 뛰어들 출판사가 초미의 관심사다.

번역가 VS 출판인

외서 번역가와 출판사 대표를 겸하다 보니 번역작가 시절 왜 출판사가 내 메일을 '씹고, 뜯고' 외면했는지 이해가 간다. 1인 출판사는 대표 혼자 모든 것을 도맡아 해야 해서 메일에 일일이 답장하는 것이 버겁다. 심리적으로 그렇다는 것이다. 물리적으로는 전혀 어려운 일이 아니지만 일에 치이다 보면 외서 기획서나 투고한 글을 읽을 마음의 여유가 없어지게 마련이다. 어쩌면 '귀찮다'는 말을 빙 돌려서 표현한 것일지도 모르지만 ….

번역료도 고민거리다. 번역작가가 될 수 있는 한 번역료를 많이 받고 싶어 하는 마음은 충분히 이해한다. 반면 출판사 입장에서는 이를 최대한 낮추고자 하는 게 인지상정이다. 그렇다 해도 양심이 있어 무작정 깎지는 못한다. 책을 번역하면서 얼마나 힘들게 살았는지 너무도 잘 아니까. 지금껏 관행적인 평균(혹은 중간값)에 미달한 금액을 지급한 적은 없다. 물론 인세 계약은 제외다.

번린이 시절에는 '인세'를 받으면 팔자를 고칠 거라는 막연한 기대감이 있었지만 경험이 쌓이다 보니 번역료를 받는 게 이득이라는 진리를 터득했다. 이유는 간단하다.

첫째, 책이 안 팔린다. 고작해야 초판 인세 5퍼센트에 끝날 공산이 크다. 정가를 기준으로 하면 관용적인 번역료에는 턱없이 못 미치는 수준이다.

둘째, 베스트셀러 책은 나한테 안 맡긴다. 한국에서 이름값 하는, 알만한 사람은 다 아는 베테랑 번역가를 섭외할 게 뻔하다. 그러니 번역 단가를 높이는 것이 최선이다.

유지훈
20년차 출판번역가 | 북디자이너 | 투나미스 출판 대표

LIFE & WORK

돌을 떡으로 만드는 시대, 창작은 무엇으로 만드는가

> ❝ 행사장 분위기가 절정에 다다를 무렵, 한 연사의 발언이 포럼 전체에 묵직한 파문을 던졌다. 주인공은 니콜라스 카, 『생각하지 않는 사람들』의 저자이자 IT 업계에서도 비판적 목소리로 정평이 난 인물이었다. 그가 던진 메시지는 참석자들 사이에서 팽팽한 긴장감을 자아냈다. 정보와 기술에 대한 예찬론이 주를 이루던 연단에서 그는 예상 밖의 경고를 날렸다.

10여 년 전, 정확히는 2011년 5월 25일, 전 세계 유명인사들이 대거 서울 한 자리에 모였다. SBS에서 주최하는 서울디지털포럼의 기조 연사와 토론자로 참석한 것이다. 주제는 '초연결시대.' IT계의 거물과 CNN 간판 앵커 래리 킹도 대한민국 수도를 찾았다. 공간의 개념이 파격적으로 짧아지고, SNS와 1인 미디어의 보급으로 정보가 끊임없이 오가는 세상, 기술의 혜택을 누리며 살아가는 일상이 주된 이야깃거리였다.

　행사장 분위기가 무르익을 무렵, 한 연사가 파문을 일으키기 시작했다. 주인공은 니콜라스 카였다. 『생각하지 않는 사람들』을 쓴 작가이자 IT계에서도 정평이 난 인물이다. 그는 정보·기술 예찬

일색이던 연사들과는 달리 사고력을 저하시키는 원흉으로 범람하는 정보를 꼽았다. 인터넷을 통해 전달되는 정보에 두뇌가 제대로 적응하지 못해 창의적이고 깊이 있는 사고가 어려워졌다는 비판을 쏟아냈다.

챗GPT의 등장으로 IT업계는 퀀텀 점프를 하고 말았다. 기계가 생각한다는 개념이 아직은 낯설지만, 인공지능은 통번역이나 창작 분야에서 전대미문의 역할을 담당하고 있다. 사람이 글을 옮길 때는 '초벌번역'이라는 개념이 없었지만, AI의 도입으로 초역의 개념이 허용되는 시대가 왔으니 시간이 단축되는 효율성을 기대할 수 있게 된 것이다. 기존 번역기와는 차원이 다른, 이를테면, 기계가 아니라 전문가에 준하는 사람이 옮긴 것 같은 품질을 무한정 생산해 내니 쌍수를 들고 환영하지 않겠는가.

하지만 니콜라스 카의 충고는 시대를 초월한다. 휴대폰의 등장으로 전화번호를 일일이 외우는 수고에서는 벗어났으나, 그만큼 머리 쓰는 일이 줄어든다는 것도 문제지만 이제는 창작도 인공지능을 등에 업어 '손을 대지 않고도 코를 풀 수 있는' 시대가 왔다. 이를 마냥 좋아할 수 있을까?

창작자란 본디 자신만이 내놓을 수 있는 작품으로 승부를 걸고, 세상에 단 하나뿐인 것으로 희열을 느끼는 사람일진대 기계가 떠먹여 주는 작품으로는 어디에 내놓을 데도 없다. 예컨대, 교보문고의 전자책 등록 사이트에는 책을 등록할 때 인공지능의 손을 빌렸는지 여부를 표시하는 확인란이 있다. '이 책은 인공지능이 만든 거예요'라는 딱지를 책에 붙이고 파는 격인데 인공지능이 막 출시되었을 때는 호기심으로들 샀을지는 몰라도 지금은 한물간 지 오래다.

창작을 위한 수단으로 쓸 때도 문제가 아주 없지는 않다. 이른바 가짜뉴스, 가짜정보를 서슴지 않고 알려주는 '할루시네이션'이 아직 해결되지 않았고 설령 해결되었다손 치더라도 기계를 마냥 믿을 수 있을까 싶기도 하다.

"이런저런 주제로 글을 써줘"라는 프롬프트 명령어를 입력하면 순식간에 글 한 편이 뚝딱 나온다. 몇 번 이용해봤는데 글이 썩 나쁘지는 않더라. 영어를 한글로, 한글을 영어로 옮겨 보기도 했다. 직장에서 촌각을 다투는 작업이라면 부득이 쓰겠지만 시간이 넉넉하면 구태여 쓰지는 않을 것 같다. 블로그에 한 마디, 한 꼭지를 남기더라도 AI가 가져다 준 글을 기록하는 사람은 많지가 않다. '인공지능은 시를 어떻게 쓸까' 하는 호기심에 재미삼아 올리는 사람은 있어도 말이다.

최첨단 인공지능의 '작품'에는 나다움이 없기 때문이다. 글을 나답게 쓰고, 언어를 나답게 옮기고, 그림을 나답게 그려야 제맛이다. 글을 아무리 잘 써줘도 내가 낳은 자식이 아닌 탓에 거리감과 이질감이 느껴지게 마련이다.

'나는 이렇게 안 쓰는데?'

외국어를 옮길 때는 아직 우리말에 익숙지가 않아 고쳐 써야 한다. 물론 아무리 읽어도 무슨 소린지 모를 때는 저자 대신 뜻을 물을 수 있다는 것이 가장 큰 장점이긴 하다.

결국에는 인공지능을 어떻게 활용하느냐가 미래를 결정할 것이다. 내 실력을 업그레이드하는 수단으로 쓸 것인가, 노력과 수고를 덜어주는 노예로 부릴 것인가. 영문을 한글로 옮기든, 글을 쓰든, 한글을 영어로 옮기든, 인공지능은 저 나름대로 패턴이 있다. 자주 쓰다 보면 패턴이 눈에 들어온다. 지금쯤이면 사람의 소행인지 AI의 소행인지 눈치채는 소비자나 독자는 널려 있을 것이고 앞으로는 삼척동자도 이를 감지할 것 같다. 본디 세상은 호락호락하지가 않다.

기술은 인간을 끊임없이 유혹한다. "(배가 많이 고플 텐데) 돌을 떡으로 만들어 먹으렴, 넌 얼마든 그럴 수 있잖아(놀고 싶을 텐데, 고민하지 말고 챗GPT로 과제를 제출하렴)." 돌이 떡이 되는 순간, 니콜라스 카의 말마따나, 인간은 기술의 노예가 되고 창작의 수준은 퇴보하고 말 것이다.

임영웅

현역 번역가

LIFE & WORK

기표와 기의의 경계에서 탄생한 번역의 예술
문화의 차이를 넘나드는 언어의 비밀

> **"**　결국 번역은 단순히 말 그대로의 의미를 옮기는 작업이 아니라, 언어와 문화 간의 경계를 넘는 과정입니다. 언어가 가진 기표와 기의의 차이를 이해하고, 그 차이를 조정하여 다른 문화 속에서도 소통할 수 있도록 하는 과정은 번역가의 창의적인 노력이 필요한 부분입니다. 우리는 번역을 통해 새로운 세계를 접하게 되지만, 그 세계가 언어와 문화의 차이를 극복하고 우리에게 전달되기까지 얼마나 많은 과정이 있었는지 생각해 볼 필요가 있습니다.

언어는 우리가 생각과 감정을 표현하고, 서로 소통할 수 있도록 도와주는 도구입니다. 하지만 그 도구가 모든 상황에서 쉽게 작동하는 것은 아닙니다. 특히 서로 다른 언어 사이에서 그 의미를 정확히 전달하려 할 때, 번역 과정에서 예상치 못한 어려움이 발생할 수 있습니다. 이는 각 언어마다 가지고 있는 고유한 기표와 기의의 차이에서 비롯됩니다. 기표는 단어의 외형적 표현, 즉 소리나 글자 형태를 말하고, 기의는 그 표현 안에 담긴 실제 의미를 뜻합니다. 번역의 어려움은 바로 이 기표와 기의 사이에서 벌어지는데, 같은 기표라도 문화나 언어에 따라 기의가 다를 수 있기 때문입니다. 번역가는 이러한 미묘한 차이를 조정하고, 다른 언어 사용자에게도 그 의미를 정확히 전달할 수 있도록 하는 중요한 역할을 맡고 있습니다.

번역 과정에서 기표와 기의의 차이가 주는 어려움을 잘 보여주는 사례 중 하나는 프랑스어에서 나비와 나방이 같은 단어로 표현된다는 점입니다. 한국어나 영어에서는 나비와 나방을 각각 다른 단어로 구분하여 부릅니다. 하지만 프랑스어에서는 이 두 생물이 하나의 단어로 묶여 표현됩니다. 이것은 단순한 단어의 차이가 아니라, 프랑스어에서 나비와 나방을 바라보는 방식이 한국어나 영어와 다르다는 것을 의미합니다. 두 생물에 대해 조금 다른 관점을 가지고 있다는 점이 기표와 기의의 차이를 드러냅니다. 나비와 나방이라는 두 가지 기의를 동일한 기표로 표현하는 프랑스어에서는 이 차이를 번역할 때 기의의 정확한 전달이 어려워질 수 있습니다. 한국어나 영어로 번역하려면 그 기의에 맞는 각각의 단어를 찾아야 하지만, 이 과정에서 미묘한 의미 차이가 발생할 수 있습니다.

또 하나 흥미로운 사례는 영화 '기생충'에서 등장하는 '짜파구리'라는 단어의 번역입니다. '짜파구리'는 한국에서 매우 익숙한 음식 조합으로, 짜파게티와 너구리 라면을 섞어 만든 음식을 가리킵니다. 하지만 이 단어를 영어권 관객들에게 그대로 전달하는 것은 쉽지 않습니다. 짜파게티와 너구리라는 브랜드 이름을 영어로 번역하는 것도 어렵고, 그 조합을 설명하는 것도 복잡합니다. 그래서 번역가는 '짜파구리'를 '람동'으로 번역했습니다. '람동'은 라면(Ramen)과 우동(Udon)의 합성어로, 영어권 관객에게 더 친숙하게 다가갈 수 있는 표현입니다. 이 번역은 기표를 바꿨지만, 기의를 최대한 유지하면서도 영어권 관객이 이해할 수 있도록 한 창의적인 시도입니다. 짜파구리라는 기표는 한국 관객에게는 익숙하지만, 그 기의를 다른 문화권으로 전달하려면 새롭게 구성된 기표인 '람동'이 필요했던 것입니다.

번역가는 이러한 기표와 기의의 차이를 넘어서야 합니다. 프랑스어에서 나비와 나방이 같은 단어로 표현되는 것처럼, 한 언어에서 동일하게 인식되는 개념이 다른 언어에서는 전혀 다르게 분리되기도 합니다. 반대로, 짜파구리에서 보듯이 한국어에서 통용되는 기표가 다른 문화권에서는 전혀 이해되지 않을 수도 있습니다. 이러한 차이를 어떻게 조정하느냐에 따라 번역의 질과 결과가 달라집니다. 단순히 기표를 대체하는 것이 아니라, 그 안에 담긴 기의를 이해하고, 이를 다른 언어와 문화 속에서도 자연스럽게 전달할 수 있도록 만드는 과정은 상당히 복잡하고 섬세한 작업입니다.

번역의 어려움은 단순히 언어적 차이에서 비롯되는 것이 아닙니다. 그것은 각 언어가 가지는 독특한 문화적 맥락과 깊이 있는 사고방식의 차이에서 비롯됩니다. 예를 들어 한국어의 '정(情)'이라는 단어는 영어로 번역하기 매우 어렵습니다. '정'은 단순히 애정이나 감정을 뜻하는 것이 아니라, 사람들 사이의 깊은 유대와 관계를 의미합니다. 이를 영어로 번역할 때는 단순한 단어로 설명할 수 없고, 문화적 배경을 이해해야만 그 진정한 의미를 전달할 수 있습니다. 번역가는 단어 하나에 담긴 의미 이상의 것들을 전달해야 하기 때문에, 언어적 지식뿐만 아니라 그 언어가 속한 문화적 맥락까지 깊이 이해해야 합니다.

프랑스어의 나비와 나방, 한국어의 짜파구리와 같은 사례는 번역의 복잡성과 동시에 그 창의성을 잘 보여줍니다. 번역가는 단순히 단어를 대체하는 것이 아니라, 그 단어가 담고 있는 기표와 기의를 분석하고, 그것이 속한 문화적 맥락을 고려한 후 새로운 기표를 창조하는 예술적인 작업을 합니다. 이러한 작업을 통해 우리는 다른 언어와 문화를 접할 수 있게 되지만, 그 과정에서 얼마나 많은 의미의 변환과 조정이 일어나는지 인식하지 못할 때가 많습니다.

결국 번역은 단순히 말 그대로의 의미를 옮기는 작업이 아니라, 언어와 문화 간의 경계를 넘는 과정입니다. 언어가 가진 기표와 기의의 차이를 이해하고, 그 차이를 조정하여 다른 문화 속에서도 소통할 수 있도록 하는 과정은 번역가의 창의적인 노력이 필요한 부분입니다. 우리는 번역을 통해 새로운 세계를 접하게 되지만, 그 세계가 언어와 문화의 차이를 극복하고 우리에게 전달되기까지 얼마나 많은 과정이 있었는지 생각해 볼 필요가 있습니다. 번역은 단순한 언어 변환을 넘어서, 문화 간의 다리를 잇는 중요한 작업임을 이 두 사례를 통해 알 수 있습니다.

이제 번역의 과정과 언어적 차이를 바라볼 때, 그 이면에 숨겨진 기표와 기의의 복잡한 관계를 생각해 보세요. 번역가는 단순한 의미 전달자가 아니라, 서로 다른 문화를 연결하는 중요한 다리 역할을 하고 있다는 것을 알게 될 것입니다.

LIFE & WORK

언어의 숨은 규칙과 개인의 말
랑그와 빠롤, 그리고 언어의 미묘한 경계를 넘는 번역

> 랑그는 특정 사회나 공동체에서 공유하는 언어의 규칙과 구조를 가리키며, 빠롤은 그 규칙을 바탕으로 개인이 실제로 언어를 사용하는 구체적인 발화나 표현을 뜻합니다. 이 두 개념을 이해하면 언어가 단순한 단어와 문법의 조합이 아니라, 사람과 사람 사이의 소통과 문화적 맥락을 고려한 복잡한 과정이라는 사실을 깨닫게 됩니다

언어는 우리가 세상을 이해하고 소통하는 가장 기본적인 도구입니다. 그러나 언어 자체는 매우 복잡한 구조를 가지고 있으며, 소쉬르가 제시한 랑그와 빠롤의 개념은 이 복잡성을 이해하는 데 중요한 열쇠가 됩니다. 랑그는 특정 사회나 공동체에서 공유하는 언어의 규칙과 구조를 가리키며, 빠롤은 그 규칙을 바탕으로 개인이 실제로 언어를 사용하는 구체적인 발화나 표현을 뜻합니다. 이 두 개념을 이해하면 언어가 단순한 단어와 문법의 조합이 아니라, 사람과 사람 사이의 소통과 문화적 맥락을 고려한 복잡한 과정이라는 사실을 깨닫게 됩니다. 특히 번역 작업에서 이 두 개념은 매우 중요한 역할을 합니다. 번역가는 두 언어 사이에서 의미를 옮길 때 기표와 기의뿐만 아니라, 랑그와 빠롤을 고려해야 합니다. 이러한 이해를 바탕으로 번역의 복잡성과 미묘함을 설명할 수 있습니다.

우선, 일상 속에서 랑그와 빠롤을 이해하기 위해서는 언어 체계와 실제 발화를 분리해서 생각해볼 필요가 있습니다. 랑그는 사회적으로 합의된 언어의 규칙과 구조를 뜻합니다. 예를 들어, 한국어에서는 주어-목적어-동사(SOV) 구조를 따르는 문법적 규칙이 있으며, 단어의 의미나 발음 방식도 모두 랑그에 포함됩니다. 이는 우리가 같은 언어를 사용하는 사람들끼리 의사소통을 할 수 있도록 돕는 기본적인 체계입니다. 마치 게임에서 모든 플레이어가 동일한 규칙을 따라야 게임이 성립되는 것처럼, 언어도 규칙이 있어야만 원활한 소통이 가능합니다.

그러나 우리가 실제로 대화를 나누거나 글을 쓸 때는 각자 고유의 표현 방식이 드러납니다. 이때 빠롤이 등장합니다. 빠롤은 개인이 랑그라는 체계 속에서 어떻게 언어를 사용하는지에 대한 구체적인 표현 방식입니다. 예를 들어, "밥 먹었어?"라는 질문을 할 때 사람마다 말투나 표현 방식이 다를 수 있습니다. 어떤 사람은 "식사하셨어요?"라고 정중하게 물을 수 있고, 다른 사람은 "밥 드셨나요?"라고 말할 수도 있습니다. 모두 동일한 언어적 규칙에 기반하지만, 그 표현 방식은 다를 수 있다는 점이 빠롤의 개념입니다. 이는 우리가 일상에서 다양한 방식으로 언어를 사용하는 모습을 잘 설명해 줍니다.

이 두 개념을 이해하면, 번역 과정에서 기표와 기의뿐만 아니라 랑그와 빠롤의 개념이 얼마나 중요한 역할을 하는지 알 수 있습니다. 번역가는 단순히 단어를 다른 언어로 대체하는 것이 아니라, 원작의 언어적 규칙(랑그)과 그 안에서 개별적으로 표현된 스타일과 의도(빠롤)를 모두 고려해야 합니다. 번역에서 랑그는 언어 간의 문법적 차이와 어휘적 구조를 설명해 줍니다. 예를 들어, 한국어는 주어-목적어-동사(SOV) 구조를 따르지만, 영어는 주어-동사-목적어(SVO) 구조를 따릅니다. 번역가는 이러한 구조적 차이를 이해하고, 문장이 자연스럽게 흐르도록 변환해야 합니다. 또한, 단어의 의미가 문화적 맥락에 따라 다르게 해석될 수 있다는 점도 랑그의 중요한 요소입니다. 어떤 언어에서는 하나의 단어가 다양한 의미를 지니고 있을 수 있지만, 다른 언어에서는 그 의미를 여러 단어로 나누어 표현해야 할 수도 있습니다. 번역가는 이를 고려하여 적절한 단어를 선택해야 합니다.

반면, 빠롤은 번역 과정에서 원작자의 개인적인 언어 사용을 반영하는 중요한 역할을 합니다. 빠롤은 작가가 문법과 규칙을 어떻게 사용하여 자신의 스타일을 드러내는지에 대한 부분입니다. 예를 들어, 소설이나 영화 대본에서는 등장인물의 말투와 표현 방식이 그 인물의 성격을 잘 드러내는데, 번역가는 이 말투와 표현을 제대로 살려야만 원작의 느낌을 독자에게 전달할 수 있습니다. 만약 어떤 캐릭터가 매우 캐주얼하고 친근한 말투를 사용한다면, 번역에서도 그 느낌을 유지해야 합니다. 반대로, 엄격하고 형식적인 말투를 사용해야 하는 상황에서는 그 분위기를 살리는 것이 중요합니다. 이처럼 빠롤은 원작자가 그 언어를 어떻게 사용했는지를 반영하는 중요한 요소로, 번역가는 단순한 문법적 변환을 넘어서 원작자의 의도와 스타일을 고려해야 합니다.

문학 번역에서도 랑그와 빠롤의 역할은 더욱 중요합니다. 문학 작품에서는 언어적 규칙을 넘어서, 작가의 독창적인 표현 방식이 강조되기 때문입니다. 예를 들어, 시나 소설에서 작가가 일부러 문법 규칙을 어기거나 독특한 표현을 사용할 경우, 번역가는 이를 어떻게 처리할지 고민해야 합니다. 이를 원어 그대로 직역할지, 아니면 독자에게 더 잘 전달되도록 변형할지 선택하는 과정에서 빠롤의 개념이 중요한 역할을 합니다.

결국, 번역은 단순한 단어 교체의 작업이 아니라, 언어 간의 체계적 차이(랑그)와 그 체계 안에서 나타나는 개별적 표현(빠롤)을 모두 고려해야 하는 섬세한 작업입니다. 기표와 기의의 차이뿐만 아니라, 랑그와 빠롤의 개념을 이해함으로써 번역의 복잡성과 미묘함을 더 잘 설명할 수 있습니다. 번역가는 두 언어가 가진 규칙과 구조를 이해하는 동시에, 원작자가 의도한 독창적인 표현 방식도 신중하게 고려해야 합니다. 이를 통해 번역은 단순한 의미 전달을 넘어, 두 문화 사이의 다리를 놓는 중요한 역할을 하게 됩니다.

김형범

영화감독 | 2015년 「어떤가족」 극본·연출·제작

LIFE & WORK

소설 번역가의 역할

" 그렇다면 고전문학을 비롯하여 특히 소설을 번역할 때 번역가는 어떤 점을 중점에 두고 번역해야 할까? 소설 번역가의 역할은 에세이나 자기계발서보다 더 중요하다고 생각한다. 에세이나 자기계발서라고 해서 번역이 더 쉽다거나, 신경을 덜 써도 된다는 말은 절대 아니다. 소설은 어떤 장르이고, 어떤 작가냐에 따라 스펙트럼이 넓기 때문이라고 할 수 있겠다. 그래서 소설 번역을 할 때는 다른 장르보다 신경 써야 할 점이 많고, 그만큼 번역가의 역할이 중요하다고 해야겠다.

고전문학을 읽어볼까 싶어 검색하다 보면 출판사마다 혹은 번역가마다 번역이 어떻게 다른지 비교해놓은 블로그 글을 심심찮게 볼 수 있다. 혹은 애서가 사이에서는 무슨 소설은 어디 출판사 번역이 괜찮더라며 추천하거나 혹은 반대의 이유로 추천하지 않는다. 원문은 하나일 텐데 왜 이런 현상이 생기는 걸까?!

아무래도 고전문학은 제일 처음 번역하여 출간되었을 당시와 현재 상황(문화 차이, 어휘 차이 등등)이 달라졌을 때 다시 번역하여 출간하기 때문에 그럴 것이다. 예를 들자면 '초밥', '파스타', '오사카'처럼 지금은 잘 알려진 음식과 지역이지만 삼사십 년 전이었다면 역주가 필요하지 않았을까?! 또 예전에는 '벙어리장갑', '절름발이 행정' 같은 차별 표현을 별 의식 없이 썼지만, 요즘은 '손모아장갑', '편협한 행정'으로 고쳐 쓰는 추세이므로 이런 변화의 흐름에 맞춰 번역도 다시 하는 것이 맞다고 본다.

또는 김영하 작가처럼 유명한 소설가에게 번역 의뢰를 하여 더 잘 팔리는 책으로 만들기 위함이 아닐까 싶다. 이미 원문은 잘 알려져 있으니 유명한 작가가 번역했다고 알려서 책이 잘 팔리고, 그로 인해 독자가 늘어난다면 그것 역시 번역의 순기능이 아닐까. 고전문학은 이런 이유로 꾸준히 새롭게 번역하여 재출간할 것이다.

그렇다면 고전문학을 비롯하여 특히 소설을 번역할 때 번역가는 어떤 점을 중점에 두고 번역해야 할까? 소설 번역가의 역할은 에세이나 자기계발서보다 더 중요하다고 생각한다. 에세이나 자기계발서라고 해서 번역이 더 쉽다거나, 신경을 덜 써도 된다는 말은 절대 아니다. 소설은 어떤 장르이고, 어떤 작가냐에 따라 스펙트럼이 넓기 때문이라고 할 수 있겠다. 그래서 소설 번역을 할 때는 다른 장르보다 신경 써야 할 점이 많고, 그만큼 번역가의 역할이 중요하다고 해야겠다.

필자가 소설을 번역할 때 신경 쓰는 점과 소설 번역가의 역할에 대해 몇 가지 적어보고자 한다. 번역을 떠나 어떤 글이든 잘 읽히는 글이 좋다. 특히 소설은 가독성이 제일 중요하다. **물론 소설을 쓴 작가의 문체나 특성도 고려해야겠지만 소설은 정보를 전달하는 글**

이 아니므로 첫째도 가독성이요, 둘째도 가독성이며, 셋째도, 넷째도……. '가독성' 이 세 글자를 계속 머릿속에 상기하며 번역해나가야 한다.

번역가이기 전에 나 또한 한 사람의 독자로서 한국소설도 즐겨 읽고, 일본 소설이나 영미 소설도 즐겨 읽는 편이다. 한국소설을 읽을 때면 모국어라서 잘 읽히기도 하지만, 소위 턱턱 걸리는 부분이 아주 적다. 그런데 번역된 소설을 읽으면 턱턱 걸리는 부분도 종종 눈에 띄기도 하고, 한국어를 읽고 있는데 일본어나 영어 원문이 비쳐 보이는 듯한 느낌이 들 때도 있다. 물론 내가 번역한 문장도 가끔 그렇게 보일 때가 있다. 그럴 때면 화들짝 놀라 다시 원문을 보며 고치기도 한다. 독자가 그렇게 느끼게 되는 이유는 번역가들이 가독성도 고려하지만, 원문을 충실히 반영하려는 노력이 때론 지나쳐 그렇게 느껴지는 것이리라. 그리고 모든 문장을 꼼꼼하게 여러 번 보고 출간하면 좋겠지만, 양이 많기도 할 테고 시간이 부족할 때도 있을 테다.

이런 이야기를 하면 또 제기되는 문제가 원문에 충실한 소위 직역이 좋으냐, 원문을 반영한 의역이 좋은가 하는 점이다. 이 문제에 대한 내 생각은 적어도 소설에서는, 원문의 의미를 살리며 가독성을 헤치지 않는 의역이 좋다고 생각한다. 어떤 이는 작가의 문체를 살리기 위해서는 직역이 좋다고 주장하기도 하지만, 그렇게 했을 때 한국어 어법에 맞지 않아 독자가 어색함을 느끼고 의미 전달이나 소설 속 분위기를 제대로 전달하지 못했다면 그건 좋은 번역이 아닐 것이다.

가독성을 높이기 위해서 가장 신경 쓰는 점 중 하나는 역주이다.
요즘은 일본으로 여행 가는 사람도 많고, 일본문화가 많이 알려진 덕분에 일한 번역가로 활동하고 있음이 얼마나 다행인가 싶다. 그래서 이 단어라면, 이 음식이라면 많은 사람이 알 테니 역주가 필요 없겠다 싶을 때는 기분이 좋다. 그렇지만 신조어가 나온다거나 특정 상품명이 나오거나, 한국에 잘 안 알려진 연예인, 노래 같은 게 나오면 역주를 달 수밖에 없다. 또 소설이 쓰인 시기가 옛날이라면 역주를 줄이기는 힘들다. 그렇긴 하지만 최근에 번역한 소설은 에도시대가 배경이었는데 역주를 줄이기 위해 화폐단위를 제외하고는 길이, 무게, 넓이 단위 등은 현재 쓰는 단위로 환산하였다고 일러두기에 적었다.

역주를 넣을 때는 되도록 이해하기 쉽고 간결하게 넣으려고 한다. 또는 문장 속에 풀어 쓰는 방식으로 역주를 안 쓸 수 있다면 안 쓰는 방향으로 하려고 노력한다. 그러나 문장 속에 풀어쓰는 방법이 좋지만은 않다. 뜻을 풀어서 문장에 넣으려고 하면 그 문장은 길어지기 마련이다. 그러면 또 글은 간결해지지 않고, 가독성은 떨어지고 만다. 번역가의 딜레마다. 그래도 노력은 계속하는 편이다. 처음 번역해놓고 다시 볼 때 역주만 살펴보면서 빼도 되는 역주는 없는지, 글자 수를 더 줄여도 이해하기에 무리는 없는지, 문장에 풀어 쓰더라도 늘어지지는 않는지 재차 살피는 편이다.

두 번째로 신경 쓰는 점은 한자와 고유어 중에 무엇을 쓸 것인가 하는 점이다.

한자 문화권인 일본어와 한국어의 특성상 두 글자나 네 글자로 된 한자어를 쓰면 간결해지는 장점이 있을 때도 있다. 그러나, 동음이의어라든가 잘 안 쓰는 단어라서 괄호로 한자 병기를 해야만 정확한 의미를 파악할 수 있을 때는 조금 길어지더라도 우리말을 쓰려고 한다. 글의 분위기나 상황에 따라 한자어가 나을지, 고유어가 나을지도 고민한다. 우리말 중에서도 비슷한 뜻의 어휘가 여러 개라면 예문도 두루 살펴보면서 가장 적확한 어휘가 무엇일지 고민에 또 고민을 거듭한다. 예를 들면 '피장파장', '마찬가지', '매한가지', '도긴개긴', '한 끗 차이', '대동소이', '고만고만' 등등 ……. 모두 의미는 비슷하다. 이런 표현 중에서 무엇을 골라 쓸 것인지. 뜻이 같거나 비슷하다고 해서 모든 문장에, 글에 어울리지는 않기 때문이다.

세 번째로 신경 쓰는 점은 부사와 형용사의 위치, 의성어와 의태어이다.

일본어의 어순이 한국어의 어순과 같아서 한국인이 빨리 배우기 쉬운 언어라고 하는데 백 퍼센트 맞는 말은 아니다. 필자는 주로 소설을 번역하다 보니 그 점을 종종 느끼게 되는데 처음에는 원문을 보면서 직역에 가까운 번역을 한다. 그리고 나서 다시 그 문장을 보면 뭔가 부자연스러울 때가 있는데 특히 부사나 형용사의 위치가 이상할 때가 있다. 그럴 때는 다시 읽으면서 부사나 형용사 위치를 바꿔준다. 그러고 난 뒤에 읽으면 한결 자연스럽게 느껴질 때가 종종 있었다.

한국어도 다른 언어에 비해 의성어와 의태어가 풍부한 편인데 일본어도 그에 못지않다. 아니, 더 다양하고 풍성한 것 같다. 특히 의성어는 자연스럽게 번역하기 힘든 영역이다. 왜냐면 내가 직접 그 소리를 들은 게 아니기도 하거니와 모든 의성어가 사전에 나오지도 않기 때문이다. 누구나 잘 아는 동물 소리라면 공식처럼 '멍멍'이라든가 '꽥꽥'으로 번역하겠으나 잘 아는 동물 소리가 아닐 때, 가령 'ㅇㅇ하는 이상한(괴이한) 소리가 들렸다.'라는 문장이 있다면 어떻게 번역해야 할까? 이럴 때는 번역가의 상상력을 최대한 끌어올려서 그 상황으로 들어가야 한다. 그 상황에서 날법한 소리, 소설 속 인물이 느낀 감정 등을 최대한 같이 느끼면서 원문을 소리 내어 읽어보기도 하고, 할 수 있는 모든 방법을 동원해 그 '소리'를 우리말로 어떻게 표현할 것인지 정해야 한다.

의태어 역시 내가 직접 그 장면을 본 것이 아니므로 우리말에 가장 비슷한 표현을 찾으며 또 그 상황으로 들어가 어떤 모습일지 머릿속에 그려봐야만 한다. 적고 보니 번역가의 고충인 듯하다. 그렇게 힘든 만큼 의성어와 의태어를 적절히 잘 썼다면 글맛이 한층 더 살아나는 번역이 될 테다.

네 번째로 신경 쓰는 부분은 등장인물의 대화이다.

단순히 의미 파악만 신경 쓰며 원문을 읽을 때는 등장인물의 대화가 크게 신경 쓰이지 않는다. 이미 그 언어에 익숙하므로 별 위화감 없이 읽힌다. 그런데 막상 한국어로 번역하려고 다시 읽어보면 존댓말과 반말, 여자와 남자의 말투, 어른과 어린이의 말투, 사투리, 어떤 감정이 가득 담긴 말투 등등 신경 쓸 점이 많음을 알아차리게 된다.

대화를 얼마나 잘 살려서 번역하는가에 따라 소설 전체 분위기 또한 확 달라진다. 등장인물의 대화가 바로 등장인물의 캐릭터를 나타내는 척도이기도 하기 때문이다. 등장인물이 많으면 많을수록 따로 파일을 작성해서 인물 관계도를 작성해두고 나이, 성별, 성격, 처한 환경 등등을 적어두고 그런 캐릭터가 할법한 말로 대화를 번역해야 한다.

예를 들면, 같은 70대 할머니일지라도 시골에서 농사를 지으며 평생을 보낸 할머니인지, 부유한 집에서 태어나 고생이라곤 모르며 자랐고, 자신의 취미생활을 즐기며 여유롭게 사는 할머니인지에 따라 쓰는 어휘나 말투는 극명히 차이가 날 것이기 때문이다.

소설을 번역할 때 가독성을 위해 필자가 신경 쓰는 점을 크게 네 가지로 열거해보았으나 이 외에도 많은 부분이 있다. 열거한 네 가지도 번역가라면 누구나 유의하는 점일 테다. 그러나 이 지면을 빌려한 번 더 말해보는 이유는 늘 상기해야 하기 때문이리라. 적어도 도서 구매 사이트의 독자평에서 '번역이 별로예요.'라든가 블로거의 비교 글에 저격당하고 싶진 않다. 같은 글을 번역하더라도 번역가나 출판사의 편집 방향에 따라 다른 번역문이 나오는 정답이 없는 게 번역이기도 하니까 늘 유의해서 번역하자고 마음을 다져본다.

한강 작가의 노벨문학상 수상으로 번역이 주목받은 점은 모든 번역가에게 큰 기쁨이었을 테다. 그런 만큼 번역의 역할과 중요성은 아무리 강조해도 지나치지 않다고 생각한다. 정보를 전달하는 전문서적은 오역 없이 정확하게 번역해야 할 테고, 메뉴얼 같은 번역도 오역이 없어야 할 테다. 소설이나 에세이는 최대한 글의 분위기와 상황을, 작가의 의도까지 읽어내는 행간 번역까지 해야 할 것이다. 나의 번역으로 누군가에게 꼭 필요한 정보와 지식을 전달하고, 글 읽는 즐거움을 제대로 느끼게 해준다면 번역가의 역할을 잘 수행한 거 아닐까. 그 멋진 사명감 하나를 부여잡고 오늘도 글 속으로 뛰어들고, 사전 속으로 뛰어든다.

LIFE & WORK

사투리로 번역 VS 욕 번역

> 일본어에서는 대개 오사카(간사이) 사투리는
> 경상도 사투리로 번역하는 편이다. 지역적으로
> 가깝기도 하고, 지역성도 비슷하다는 판단에서
> 그렇게 해왔으리라. 받은 파일을 대강 읽어보
> 니 오사카 사투리 같았다. 구글 하나만을 믿고
> 구글에 검색하면 나오겠지 하는 가벼운 마음으
> 로 번역해나가기 시작했다. 그러나 웬걸 야마구
> 치현, 고치현, 곳곳의 현과 시에서 쓰는 사투리
> 가 다 섞여 나왔다. 구글 검색만으로는 알기 힘
> 든 사투리들이 마구 쏟아져나왔다.

산업번역이나 기술번역에서는 그럴 일이 거의 없겠지만, 출판번역이나 영상번역일 경우에는 사투리로 번역해야 하거나 욕을 번역해야 할 때가 종종 있다. 번역이란 해당 외국어를 한국어로 옮기거나 한국어를 해당 외국어로 바꾸기만 하면 되는 일이라고 생각한다면 수많은 번역인에게 몰매를(?) 맞을지도 모른다. 아마 번역가들은 번역을 단순한 언어치환으로만 여기는 점을 가장 싫어할 테다. 그러나 그렇게 생각하는 이를 무턱대고 나무라기는 힘들 듯하다. 국어사전에서 '번역'을 어떤 언어로 된 글을 다른 언어의 글로 옮김이라고만 정의하고 있으므로. 번역이란 해당 언어가 속한 국가의 문화 및 역사를 기반으로 해당 언어가 가진 말과 글의 맛을 다른 언어로 재현해내는 일이라고 정의해주면 안 될까?! 그 일을 하기 위해 번역가는 자신이 아는 모든 지식과 경험과 영혼과 그리고 또 무얼 갈아 넣는다고 말해야 할까?!

얼마 전 '희곡 번역가 발굴 프로그램'에 지원한 적이 있다. 지원서에 본인의 사투리 구사 능력을 어필해보라는 특이한 조건이 있었다. 그러나, 경북에서 나고 자라 현재 경남에 거주하는 나로서는 출신 학교명과 주소만으로 어느 정도 설명이 되리라 싶어 따로 어필하지는 않았다. 과제 수행 대상자로 선정되어 파일을 받아보니 그런 특이한 조건을 내건 이유를 알 수 있었다. 등장인물 중 한 사람의 대사만 전부 사투리로 되어 있었다(한 사람이라 다행이라 여기며 가슴을 쓸어내렸다). 한국어 사투리 중에서도 특히, 경상도 사투리는 자신이 있는데 일본어 사투리라니 ….

일본어에서는 대개 오사카(간사이) 사투리는 경상도 사투리로 번역하는 편이다. 지역적으로 가깝기도 하고, 지역성도 비슷하다는 판단에서 그렇게 해왔으리라. 받은 파일을 대강 읽어보니 오사카 사투리 같았다. 구글 하나만을 믿고 구글에 검색하면 나오겠지 하는 가벼운 마음으로 번역해나가기 시작했다. 그러나 웬걸 야마구치현, 고치현, 곳곳의 현과 시에서 쓰는 사투리가 다 섞여 나왔다. 구글 검색만으로는 알기 힘든 사투리들이 마구 쏟아져나왔다. 한국어도 그렇지만 일본어도 어미 활용이 바뀌면서 뜻이 달라지거나 사투리로 바뀌는데 어디까지 어간이고 어미인지조차 구분하기도 힘들 정도였다.

단순히 경상도 사투리로 바꾸는 차원의 문제가 아니었다. 앞뒤 문맥을 보고 이런 뜻이리라 유추하고, 검색해보고, 표준어로 바꿔보고, 그래도 도저히 감이 안 잡힐 때는 지방 출신의 일본인 친구에게 S.O.S를 외쳤다. 돌아오는 정답은 내 예상이 맞을 때도 있었지만, 아닐 때도 종종 있었다. '아니 이게 그런 말이라고?!' 내가 보낸 일본어 사투리를 일본인 친구가 일본어 표준어로 바꿔주면 나는 다시 경상도 사투리로 바꿨다.

사투리 때문에(덕분에?!) 번역량 대비 검색을 제일 많이 해 본 번역물이 아니었을까?! 나름대로 고민하여 경상도 사투리로 번역한 파일을 보내고 지원했는데 며칠 전 받은 결과는 아쉽게도 낙방이었다. 과연 선정된 번역가들은 어떻게 번역했을지 번역된 문장이 그 어느 때보다도 궁금하다. 언젠가 기회가 되면 읽게 될 날이 오리라. 힘들긴 했지만 재미있었고 좋은 경험했다고 생각하고 싶지만, 그에 들인 나의 노력과 시간은 누가, 어디에서, 무엇으로 보상 해주나 생각하면 역시나 번역에 대한 사전적 정의는 바뀌어야 한다! 아마 몇 줄로 더 길어지겠지. 어쩌면 그래서 이렇게 하고 싶은 말들을 이 지면을 빌려 여러 사람이 토로하고 있는 걸지도 모르겠다.

그렇다면 반대로 경상도 사투리로 혹은 전라도 사투리로 쓴 한국 소설은 다른 언어로 번역될 때 그 나라의 특정 지역 사투리로 번역할까?! 궁금해진다. 얼마 전 기사를 보니 소설 『토지』를 일본어로 번역한 분은 특정 지역에 대한 이미지를 심어주지 않기 위해서 표준어로 번역하셨다고 한다. 사투리를 떠나서 『토지』같이 한 번 완독하기도 힘든 소설을 일본어로 번역하여 일본인 독자를 만날 수 있음은 가히 대업(大業)이라 할만하다. 아직은 내 능력 부족으로 한국어를 일본어 사투리로 번역하기는 힘들지라도 간사이 사투리를 경상도 사투리로 번역하는 일은 자신 있다. 언젠가 기회가 되면 간사이 사투리로 쓴 작품을 맛깔나게 경상도 사투리로 잘 번역해보고 싶다.

　욕을 번역해야 할 때는 생각보다 자주 있다. 소설을 번역할 때도 나오고, 에세이를 번역할 때도 욕은 종종 튀어나오기 마련이다. 욕 또한 사투리처럼 그 지역 혹은 그 사람의 말맛이라는 게 있으므로 나올 때마다 고민이 된다. 마음 같아서는 숫자 18을 발음 나는 대로 마구 써버리고 싶은 충동이 생기기 마련이지만 출판번역에서는 고작 '제기랄,' '젠장,' '이놈,' '저 자식' 등으로 어느 정도는 순한 맛으로 번역되는 편인 듯하다. 필자도 용기가 없어 매운맛으로 번역하고 싶어도 혹여나 너무 세 보일까 봐. 혹은 편집자가 번역가의 평상시 언어생활을 의심할까 봐 아직은 과감하게 매운맛으로 번역하기가 망설여지는 게 사실이다. 그러나 이제 좀 바뀌어야 하지 않을까?! 말맛, 글맛이란 게 있으므로. 조금 더 매운맛으로 말이다. 사투리 번역 VS 욕 번역. 어느 쪽이 더 어려운가, 혹은 어느 쪽이 더 재미를 느끼는지 묻는다면 선뜻 대답하기는 어렵다. 나름의 말맛과 글맛이 있으니까! 오늘도 말맛과 글맛을 살리기 위해 사전을 뒤지고, 열심히 검색하며 하루를 보낸다.

LIFE & WORK

번역가는 짝사랑하는 사람이다

> 내가 봤을 때 좋아 보이는(팔릴 것 같은) 책을 고르고 사서 읽는다. 내 마음에 드는 책이므로 일단 애정이 간다. 애정을 듬뿍 담아 시간을 들여 기획서를 작성하고 출판사에 메일을 보내곤 어떤 답신이 올까 하며 수신확인 버튼을 몇 번씩이고 클릭해 본다. 마치 짝사랑 상대에게 좋아한다고 고백하는 메시지를 보내고 오매불망 휴대폰만 쳐다보는 사람이 되듯이.

"무슨 일하세요?" 혹은 "직업이?"라는 질문을 받았을 때 다소 수줍게(당당하고 싶지만) "번역하고 있습니다."라고 대답하면 대부분 "오! 멋진 일 하시네요." 혹은 "외국어 완전 잘하시겠다."라고들 한다. 그러면 그냥 희미하게 웃는다. 왜냐면 나도 예전에는 그렇게 생각했는데 멋지진 않으니까. 내가 이 일에 뛰어들고 보니 번역가는 그렇게 멋진 일을 하는 게(물론 정확한 단어를 써서 번역한 문장을 보면 멋지다!) 아니고, 출발어(외국어)보다 도착어(한국어)를 훨씬 잘 구사할 줄 아는 사람이어야 함을 알았고, 매일 느끼고 있다.

또 하나 느낀 점! 번역가는 짝사랑하는 사람이라는 것. 출판번역은 원서를 매일 보며 번역할 어휘를 고르고, 책을 쓴 작가를 생각한다. 최근에 번역한 소설의 작가는 다행히 젊은 작가라 인스타를 한다는 걸 알고, 작가 인스타를 팔로워했다. 작가에게 혹시나 어떤 영감을 받을 수 있지는 않을까 하고 말이다. 어떤 사람이기에 이런 소설을 썼을까 혹은 평소 쓰는 어휘는 어떨까 하고. 마치 짝사랑하는 사람의 인스타를 팔로워 하듯 작가가 새로운 피드나 스토리를 올리면 하트를 누르며 속으로는 외쳤다. '내가 당신 책을 번역하고 있어요! 이 문장은 이런 느낌으로 쓰신 거 맞죠?!' 하고 말이다(그렇다고 직접 댓글을 달거나 DM을 보내거나 하지는 않았다).

소설을 번역하는 동안은 작가가 창조한 세계에 아주 푹 빠져 지내느라 번역하지 않을 때도 그러니까 샤워하거나, 설거지하거나, 잠을 자려고 누웠을 때도 오늘 번역한 문장을 머릿속으로 되짚어보았다. '그 문장이 최선이었나? 그 단어를 쓰는 게 적절했나? 더 나은 다른 표현이 있을까?!' 그렇게 생각하며 잠들다 어느 날은 소설 속 세계에 있는 꿈까지 꿨다. 짝사랑 상대를 계속 생각하다 꿈을 꾸는 것처럼.

그렇다고 이렇게 일방적인 마음을 일일이 다 표현할 수는 없는 일. 누가 이 마음을 알아주는 것도 아니고. '나만큼 이 책에 대해, 이 소설에 대해 잘 아는 사람은 없을 거야.'라는 생각으로 자신만만해하기도 하고. 이렇게 하루 종일 생각하는 내가 짝사랑하는 사람 같이 느껴졌다.

소설 번역을 끝내고 처음에는 홀가분한 마음이 들었는데 며칠 지나니 사랑하는 사람이 어디 멀리 떠난 듯한 아쉬운 마음도 들었다. 번역하는 몇 달 동안 제대로 사랑에 빠졌나 보다. 한동안은 푹 쉬었는데 번역 일이라는 것이 정기적으로 꼬박꼬박 들어오는 것도 아니고, 일을 주는 곳이 정해져 있지도 않으므로 다시 일을 구해야 했다. 그러기 위해서는 기획서를 작성해서 출판사에 보내야 하는데 이때 번역가는 또 짝사랑하는 사람이 된다.

내가 봤을 때 좋아 보이는(팔릴 것 같은) 책을 고르고 사서 읽는다. 내 마음에 드는 책이므로 일단 애정이 간다. 애정을 듬뿍 담아 시간을 들여 기획서를 작성하고 출판사에 메일을 보내곤 어떤 답신이 올까 하며 수신확인 버튼을 몇 번씩이고 클릭해 본다. 마치 짝사랑 상대에게 좋아한다고 고백하는 메시지를 보내고 오매불망 휴대폰만 쳐다보는 사람이 되듯이.

기획서를 보내면 열에 아홉은 메일을 읽긴 하지만 답이 없고, 한두 곳에서는 아주 정중한 문장으로 시작하는 메일이 오는데 내용은 똑같다. '소중한 원고를 보내주셔서 감사합니다만 저희 출판사와 지향점이 맞지 않아 반려의 뜻을 보냅니다.' 하는 내용. '소중하면 한 번 더 봐주시면 안 되나요?! 정말 나처럼 소중하게 생각하긴 해요?!' 하고 다시 물어보고 싶긴 하다.

어떤 곳은 몇 달이 지나도 수신 확인조차 되지 않는 곳도 있다. 판에 박힌 문구 혹은 자동접수 메일이라도 보내주는 곳은 그래도 감사하다. 답신을 해주셨으니까. 읽지 않는 곳도 그러려니 한다. 제목에서조차도 그들의 마음을 사지 못한 것이리라. 혹은 넘쳐나는 원고 투고 메일에 미처 못 본 거겠지라고 생각하기도 한다. 그러나 소위 '읽씹'이 제일 마음이 쓰라린다. 짝사랑 상대에게 "너는 내 관심 밖이거든."이란 말을 들은 것만 같아서 ….

어느 정도 잘 나간다 싶은 번역가도 열심히 기획서를 쓴다는 말을 듣고 나 같은 초보만 그런 게 아니구나 싶어 위로를 받다가도 어쩔 수 없는 운명이리라 받아들이기로 했다. 번역가란 그런 사람인 거구나 하고.

내가 짝사랑했던 책이 다른 번역가의 이름으로 출간된 것도 몇 번 봤다. 그럴 때는 오히려 다행이다 싶다. 나 말고 다른 이도 예뻐해 줬구나 싶어서. 그런 책이 한국 독자들을 만날 수 있어서. 그래서 오늘도 한국 독자들에게 소개하고 싶은, 내 마음을 움직이는 책(짝사랑 상대)을 찾아 아마존 사이트와 여러 사이트를 열심히 헤맨다. 번역가는 끝나지 않을 짝사랑을 하는 사람이니까.

서지음
법학 및 일본어문학 전공 | 『여우 로쿠베』, 『목걸이 사건의 수수께끼』 옮김

LIFE & WORK

번역·직역·의역·오역·왜곡

> 해당 언어의 미묘한 뉘앙스를 통한 '문자의 맛'을 살릴 수 있느냐 아니냐가 책 전체의 분위기를 좌우하기도 한다. 그렇다고 여기서 전문 번역가들의 직역이나 의역에 대한 번역 논쟁을 들먹이며 끌어올 필요는 없다. 그것은 번역 전문가들이 치열한 논쟁을 통해 좀 더 좋은 글, 좋은 책들을 만들어 내는 과정일 테니 말이다

번역된 책을 손에 잡으면 역자가 누구인지 살피게 된다. 누가 번역
했는지에 따라 원작자의 의도를 제대로 살릴 수 도 있고 물 흐르듯
술술 읽히게 할 수 도 있다. 자연과학 분야의 책이면 역자가 관련분
야 전문가인지, 같은 분야의 책을 얼마나 여러 권 번역했는지도 중요
한 평가 기준이 된다. 문학 분야의 책도 마찬가지긴 하다. 문학책에
는 해당 언어의 미묘한 뉘앙스를 통한 '문자의 맛'을 살릴 수 있느
냐 아니냐가 책 전체의 분위기를 좌우하기도 한다. 그렇다고 여기서
전문 번역가들의 직역이나 의역에 대한 번역 논쟁을 들먹이며 끌어올
필요는 없다. 그것은 번역 전문가들이 치열한 논쟁을 통해 좀 더 좋
은 글, 좋은 책들을 만들어 내는 과정일 테니 말이다.

서점에 가면 뇌과학을 포함한 자연과학 관련 외국 대가들의 책들이 많이 번역되어 있는 것을 볼 수 있다. 인공지능 관련 책들과 함께 서점의 주류 전시 도서들이다. 이런 특정 분야의 전문 번역서들을 들춰보며 용어의 한계 때문에 역자들이 고민한 흔적들을 금방 눈치챌 수 있다. 새로운 분야이다 보니 책에 쓰인 전문 용어들이 생소할 때가 많다. 한글로 표현할 마땅한 단어가 없는 경우도 있다. 미안한 이야기지만 한글은 소리글자이기에 의미와 상징을 담아내기에는 역부족인 것은 분명하다. 한글은 귀로 들리는 모든 소리를 글로 적을 수 있는 월등한 문자이자 익히기 쉽고 세밀한 감정을 표현하기 좋아 인문학적 글에는 탁월하지만 명확한 개념이 함축적으로 들어있는 용어로써의 단어를 만들기에는 쉽지 않다. 한글은 쉽게 풀어써야 표현이 와닿는 문장 구조다. 한자가 가지고 있는 함축적 의미로 대부분의 전문용어들이 번역 단어들로 사용되는 것만 봐도 알 수 있다. 번역서 한 권이 나오기까지 전문 번역 작가들의 고뇌도 읽을 수 있어야 책 읽을 자격이 되는 것이 아닐까 한다.

하지만 번역서를 읽다 보면 문장의 흐름이 전혀 눈에 들어오지 않는 경우를 간혹 만나게 된다. 바로 오역되는 부분이다. 이 오역되는 부분은 책이 아니더라도 영화나 TV드라마 자막을 볼 때 쉽게 눈에 띄는 것을 볼 수 있다. 화면의 순간 흐름에서 똑같은 뉘앙스를 자막으로 전달해야 하는 어려움 때문에 벌어지는 현상이다.

이런 오역의 현상을 통렬하게 지적한 책이 있다. 안정효의 『오역사전』이다. 안정효는 책에서 "대부분의 오역은 개별적인 단어의 기본적인 의미를 모른다기보다는, 어떤 한 단어의 미세하거나 깊은 감각을 간과하기 때문에 생겨난다. 영어 단어 하나에 대해서 우리말 뜻을 하나만 알면 더 이상 알려고 하지 않는 사람은, 경제적인 방법으로 공부를 했다고 스스로 믿기가 쉽지만, 그것은 참으로 미련한 판단이다. 이런 성향을 보이는 번역자들은, 단순히 사전을 찾아보기가 귀찮다는 이유로, 잘 알지 못하는 단어를 대충 짐작으로 꿰어 맞춰서 슬그머니 넘어가려고 하지만, 남들이 보지 말았으면 하고 바라는 나의 사소한 결점이 가장 먼저 다른 사람들의 눈에 띄게 마련이다. 눈속임은 요령이 아니라 태만이다."라고 지적하고 있다.

번역에 있어 직역이냐 의역이냐의 논쟁은 영원한 화두로, 비판을 위한 비판일 가능성이 너무도 크다. 해석의 차이이기에 그때그때 번역서의 내용이나 상황에 따라 다르게 적용되는 게 맞다. 원작자가 글을 쓰고 전개해 가는 의도를 완벽히 아는 것도 필요하고 언어별로 단어가 일대일로 대응하지 않고 문법 구조조차 달라서 의미를 살려 변환하는 것도 필요하다. 일상의 문화적 차이에서 오는 뉘앙스의 문제와 전문용어의 부재에 따른 용어 선택의 문제도 겹쳐있다. 그래서 오역이 나오고 심지어 왜곡까지 가는 것이다.

조선일보 전문가 칼럼 「이한우의 간신열전」에 "은(隱)을 오역하다"라는 글이 실렸다(2023.3.2). 최근 아들 학폭 은폐로 국가수사본부장직에 발탁되었다 하루 만에 사임한 정순신 변호사의 행태를 지적하는 글이다. 이 글에서 논어 「자로」편에 나오는 대화를 소개하고 있는데 "우리 고을에는 곧게 행동하는 궁이라는 사람이 있으니 그의 아버지가 양을 훔치자 그가 아버지가 훔쳤다는 것을 증언했습니다. 이에 공자가 다음과 같이 대답한다. 우리 당에서 곧은 사람은 이와는 다릅니다. 아버지는 아들을 위해 숨고(父爲子隱) 아들은 아버지를 위해 숨습니다(子爲父隱)"라는 문구다. 지금까지 숨을 은(隱) 자를 번역하는데 "아버지는 자식을 위해 숨겨주고 자식은 아버지를 위해 숨겨준다"라고 해석했다는 필자의 지적이다.

필자는 은(隱)이란 '숨겨주는'것이 아니라 자기가 '숨는 것'이다는 뜻으로 해석해야 맞는다고 주장한다. 이때 숨는 것이란 관직을 버린다는 뜻이다. 우리 사회에서 실종된 공(公)과 공신의 처신을 회복하는데 고전 오역이 얼마나 사회에 폐해를 남기는지 여실히 보여주는 사례로 알려주고 있다. 대단한 통찰이 아닐 수 없다.

더 나아가 오역을 넘어 사실을 왜곡하거나 대중을 선동하고 현혹시키는 혹세무민(惑世誣民)과 배운 것을 바르게 펴지 않고 굽혀 세상에 아부하는 곡학아세(曲學阿世)는 기득권이 경계해야 할 문구가 아닌가 한다. 우리 사회 가진 자들의 민낯이 모두 한결같음은 부끄러움을 넘어 탄식을 낳게 한다. 어쩌다 이 지경이 되었을까? 가정에서 실종된 밥상머리 교육을 다시 시작해야 사회가 바로 갈 텐데 걱정뿐이다. 해결할 수 있는 수위를 넘은 것은 아닌지 생각할수록 더 불안해진다.

이종욱
현역 번역가

LIFE & WORK

의역과 직역 사이에 존재하는 웅덩이

&&

약간 외국어를 배운 사람들은 원문을 어느 정도 이해할 수 있는 배경지식이 있기에 원문 그대로 바꾸는 것이 제일 적합한 것이 아니냐는 말을 할 수도 있다. 그렇다면 대체 무엇이 제일 적합한 것일까, 무엇이 제일 제대로 번역하는 것일까, 그것을 고민하는 것은 번역가가 된 이상 어쩔 수 없이 겪어야 하는 고통이 아닐 수 없다.

번역을 하다 보면 늘 고민이 되는 지점이 있다. 어느 번역가도 피해갈 수 없는, 바로 의역이나 직역이냐에 대한 고민이다. 번역할 때 출발어를 어떻게 도착어로 바꿀 수 있을까 고민하고 출발어 문장을 읽고 이해하고 다시 도착어로 재구성하는 작업을 거칠 때도 그 점을 고민한다. 작업 성격에 따라 직역을 우선하기도 하고 의역을 우선하기도 한다.

단어 하나, 표현 하나, 문장 하나가 달라져도 큰일이 나는 문서의 경우에는 함부로 의역하거나 단어를 마음대로 선택할 수가 없다. 하지만 반대로 어떤 영상이나 소설 같은 경우에는 너무나 출발어에만 충실하다면 읽는 사람으로서는 왠지 어색하고 불편한 느낌을 받을 뿐 아니라 이해가 아예 안 되는 때도 있으니 직역을 선호할 수만은 없을 것이다. 그러니 어느 정도가 되어야 적당한 것인지 고민이 될 수밖에 ….

번역은 하나의 언어를 다른 언어로 전환하는 작업이다. 각각의 언어는 국가마다 다르고, 문화마다 다르다. 그렇기에 이런 간극을 어떻게 하면 우아하고 아름답고 흠집 없이 그대로 옮길 수 있을지, 그것이 번역할 때 가장 큰 어려운 점이라고 생각한다. 어느 언어든지 완벽하게 전환을 해낼 수가 없다. 말이나 글은 말하거나 쓰는 사람에 따라 미묘하게 뉘앙스가 다르고 각각 의도가 숨어 있다. 번역할 때 선택한 단어 하나 혹은 표현 하나가 그 의도가 더욱 빛날 수 있고, 오히려 해칠 수 있다. 나는 번역은 완벽에 가까워질 수는 있더라도 절대 완벽할 수 없다고 생각한다. 그래서 어렵고 충분히 고민해야 한다고 생각한다.

심지어 일본 유명 에세이 작가이자 러시아어 번역가이자 통역사인 요네하라 마리조차 이에 대한 책을 썼다. 그녀는 직업에 관한 많은 책을 썼지만, 그중에서도 "미녀냐 추녀냐"라는 제목의 책이야말로 이에 대한 고민을 담고 있다. 그녀가 채택한 제목의 원제는 "번역은 여자와 비슷하다. 충실할 때에는 살림 냄새를 풍기고 아름다울 때는 부정하다."라는 이탈리아 격언에서 왔다. 17세기 아름답지만, 번역을 제대로 하지 못한 번역가의 문장을 놓고 나온 말인데 그녀가 책에서 말하듯 아름답지만 부정확한 번역이냐, 아니면 추하지만 정확한 번역이냐에 대한 이야기다. 그녀는 수십 년 간 러시아 언어를 일본어로 통역하거나 번역하면서 문화가 서로 마주치는 수많은 상황에서 의역과 직역의 영역에서 고민했다. 다양한 사례를 소개하면서 이럴 땐 의역이 낫지 않았을까, 이럴 땐 직역이 낫지 않았을까를 고민했다. 그녀는 때로는 실패하기도 하고 성공하기도 했다. 하지만 그사이에 늘 존재하지만 극복하기 어려운 웅덩이 같은 문화의 틈이 있다고 말해준다.

아마 의역은 출발어의 느낌과 의도를 제대로 드러나지 않았다는 이유로 비판하는 사람도 있을 것이고, 아니면 직역은 그저 출발어와 도착어를 그저 사전적 의미로만 전환하여 나열하는 것뿐일지라도 출발어의 문화와 느낌을 그대로 살릴 수 있기에 필요하다고 생각하는 사람도 있을 것이다. 약간 외국어를 배운 사람들은 원문을 어느 정도 이해할 수 있는 배경지식이 있기에 원문 그대로 바꾸는 것이 제일 적합한 것이 아니냐는 말을 할 수도 있다. 그렇다면 대체 무엇이 제일 적합한 것일까, 무엇이 제일 제대로 번역하는 것일까, 그것을 고민하는 것은 번역가가 된 이상 어쩔 수 없이 겪어야 하는 고통이 아닐 수 없다.

글이나 말은 수학 문제가 아니라서 정답이 없다. 그래서 어떤 번역이 최선일까 늘 고민할 수밖에 없다. 다른 사람의 번역에 감탄하기도 하면서도 아쉬워하기도 한다. 과감한 의역에는 손뼉을 치고 직역이지만 완벽하게 정돈된 문장에는 놀랄 수밖에 없다. 그리고 어색한 번역 문장을 마주치게 되면 나라면 어떻게 바꿀까 생각해보기도 한다. 나라면 이렇게 했을 텐데, 저렇게 했을 텐데, 어쩔 수 없이 고민하고 생각하게 되는 영역이다. 사람마다 생각하고 경험한 것이 전부 다르다. 그래서 우리나라 인구만큼의 표현이 존재하고 말이 존재하고 생각과 표현이 존재한다. 그 말을 이해하고 전달하는 작업을 하는 번역가로서는 작업을 끝내고 나서도 늘 아쉬움이 남는다. 시간을 되돌릴 수만 있다면 이렇게 할 텐데, 저렇게 할 텐데, 늘 후회가 남는다.

번역이든 무엇이든 어쨌든 의사소통을 위한 것이다. 내가 번역된 문장을 읽는 독자들을 생각하고 어떤 것이 제일 최적일지 고민한다면, 어느 정도 의역이냐, 직역이냐에 대한 고민에 대한 방향은 어쩌면 조금은 줄어들지 않을까 감히 생각해본다.

LIFE & WORK

한국어 맞춤법 너무 어렵다

    표기 원칙이란 맞춤법은 방언이 아니라 표준어를 소리에 맞게 써야 할 뿐 아니라 어법에 맞도록 하는 것이다. 이때 소리에 맞게 쓰는 경우(표음주의 표기법)과 어법에 맞게 쓰는 경우(표의주의 표기법)을 모두 허용하고 있다. 띄어쓰기의 원칙이란 문장의 각 단어는 띄어 씀을 원칙으로 한다는 것이다. 단어별로 써야 하는데 이때 명사, 동사, 부사 관형사 등을 띄어 써야 한다는 것이다. 마지막으로 외래어는 외래어 표기법에 맞추어 적는다는 것이다.

나는 한국인이지만 한국어가 내가 번역하는 출발 언어에 비하여 상당히 까다롭고 섬세하고 디테일이 많은 언어가 아닐까 생각한다. 차근차근 뜯어보면 경어라든지 친척 명칭이라든지 어감이라든지 한국어다운 표현이라든지 뭐든 어렵지 않은 것이 있겠냐마는 그래도 나에게 있어 가장 까다로운 건 맞춤법이 아닐까 한다. 영어의 경우에는 대체로 스펠링이 틀리는 것만 신경을 쓰면 되지만 달리 한국어는 표기법에 맞게 단어를 제대로 썼는지는 물론 띄어쓰기도 매우 신경을 써야 한다.

이번 글을 쓰면서 한국어 맞춤법이란 무엇인지 그 총칙을 들여다 보았더니 맞춤법 원칙은 총 3항으로 나뉘어 있었다.

첫째는 한글 표기법의 대원칙이며 둘째는 띄어쓰기의 원칙이고 셋째는 외래어 표기의 원칙이다.

표기 원칙이란 맞춤법은 방언이 아니라 표준어를 소리에 맞게 써야 할 뿐 아니라 어법에 맞도록 하는 것이다. 이때 소리에 맞게 쓰는 경우(표음주의 표기법)와 어법에 맞게 쓰는 경우(표의주의 표기법)를 모두 허용하고 있다. 띄어쓰기의 원칙이란 문장의 각 단어는 띄어 씀을 원칙으로 한다는 것이다. 단어별로 써야 하는데 이때 명사, 동사, 부사 관형사 등을 띄어 써야 한다는 것이다. 마지막으로 외래어는 외래어 표기법에 맞추어 적는다는 것이다.

이 중에서도 내가 가장 어렵게 여기는 원칙은 띄어쓰기 원칙이다.

각 단어를 띄어 쓰는 것이 원칙이나, '체언+조사, 용언 어간+어미'와 같이 결합한 경우에는 이를 단어로 보아야 할지 아닐지에 대해서는 사전이나 맞춤법 검사기를 통하지 않으면 제대로 알 수가 없다. 그래서 그때마다 외운다고는 하지만 금세 잊어버리고 또 틀리고를 반복하고야 만다. 그러다 보니 잘 틀리는 것들만 포스트잇에 써서 책상에 붙여두기도 한다. 하지만 신기하게도 그렇게 적어놔도 번역할 때면 여전히 틀린다.

예를 들면 '수 많은 시간이 필요했다'라는 것은 틀렸다. 원칙에 따르자면 '수많은 시간이 필요했다'가 되어야 한다. 왜냐하면 '수'

는 의존명사이기 때문에 '수많은'이라고 붙여야 정답이다.

　이처럼 내가 자주 틀리는 경우는 의존 명사이다. 의존명사는 조사와 혼동하기가 쉬워서 매번 헷갈린다. 원래라면 앞에 오는 용언으로부터 띄어 쓰는 것이 원칙이다. 게다가 의존명사가 무엇인지 들여다보면 종류도 여러 가지가 있다. 보편성 의존명사(여러 가지 문장성분으로 두루 쓰이는 명사), 주어성 의존명사(주어로 쓰이는 의존명사), 서술성 의존명사(서술어로 쓰이는 의존명사), 부사성 의존명사(부사어로 쓰이는 의존명사), 단위성 의존명사(숫자나 단위를 나타내는 데 쓰이는 의존명사) 등이 있다. 이미 종류도 많고 쓰임새도 다양해서 과연 어떤 단어가 어느 범주에 들어가는 단어인지 제대로 파악할 수도 없다.

　다행인 건 이런 의존명사의 띄어쓰기를 어려워하는 건 나뿐만이 아닌 듯하다. 위키에서 말하길 의존명사는 명사성이 어느 정도 남아 있다고 보기 때문에 띄어 쓴다고 하는데, 세월이 지나면서 문법화 과정으로 과거에 쓰이던 문법과 달라진 것도 많고 오늘날에도 바뀐 경우가 상당하다고 한다. 특히나 '-ㄹ 텐데'의 경우는 '터+이다'가 합쳐져서 '테'로 나타나기 때문에 의존 명사로 보기도 어렵고 실제로 일부러 공부하지 않는 한 의존명사라고 의식하여 제대로 쓰는 경우도 어렵다고 한다. 또 '할 것이다'와 같은 경우에는 '할 것이다'라고 붙여서 쓰는 경우도 많다.

　다행히 맞춤법이란 것이 틀린다고 하더라도 이해가 안 되는 정도로 치명적인 문제는 아닐 테지만, 그렇다고 하더라도 글을 다루는 사람으로서 내가 쓴 맞춤법이 틀린 걸 발견하면 매우 부끄럽다. 지금 이 글을 쓰는 와중에도 얼마나 많이 틀렸을지 생각하면 눈앞이 캄캄하다. 그리고 직업병이라 그런지 늘 어느 공식 문서를 보거나 글을 볼 때면 맞춤법을 열심히 들여다보게 된다. 그리고 맞춤법을 너무 심하게 틀린 글을 볼 땐 그 글에 대한 신뢰도도 좀 떨어지는 느낌이다. 그래서 내 작업물에서는 그런 부끄러움이 없도록 부단히 애를 쓰고 있다. 내가 노력해서 겨우 만들어낸 결과물에 흉한 흠집이 나고 그래서 나머지 내 노력이 헛된 것이 되기 때문이다. 그래서 무슨 작업이든 글을 쓰고 나면 늘 맞춤법 검사기를 돌리는 것이 당연한 것이 되었다.

또 생각해보니 SNS나 인터넷에서 보는 글은 완벽하게 맞춤법에 맞게 쓴 글은 거의 없는 것 같다. 아무래도 키보드로 신경 써서 쓴 글이 아니고, 조그만 휴대폰으로 쓴 글이다 보니 섬세하게 하나하나 따져가며 쓰는 대신 휘리릭 내용만 간략하게 전달하기 때문이 아닐까 싶다. 그리고 너무 정확하고 완벽한 글을 쓸 때는 오히려 너무 재미없고 정 없는 사람처럼 보이는 것 같기도 하다. 그래서 그런지 나도 휴대폰으로 쓰는 글은 엉망진창이다. 오타도 나는 판국에 맞춤법까지는 언감생심이랄까. 특히나 작은 화면에 작은 키보드로 오랫동안 글을 쓰거나 집중해서 볼 때 눈이 너무 피곤하기도 하고 말이지…

번역을 하다 보면 여러 어려움이 많지만, 그중 하나는 역시 맞춤법이다. 특히 외국어를 한국어로 번역할 때마다 내가 이렇게 한국어 실력이 부족한가 늘 한탄한다. 어렸을 때 국어 시험에서도 늘 한두 개씩 나오던 맞춤법 문제는 꽤 자주 틀렸던 것 같다. 한국인으로서 맞춤법을 틀린다는 건 부끄러운 일이지만 맞춤법을 정복하기란 너무나도 어려운 산이 아닐까 싶다. 틀리는 걸 발견하고 외우고 하다 보면 어느 정도 정복은 할 수 있겠지만 그렇다고 검사기의 도움 없이 글을 완성하는 건 아직은 불가능이 아닐까 싶다. 그래서 지금 나는 이 글도 맞춤법 검사기에 돌려서 결과를 볼 예정이다. 과연 나는 이전에 틀린 것을 또 틀렸을지, 아니면 새롭게 틀리는 무언가를 발견할지 말이다.

LIFE & WORK

만나서 즐거운 글들

"나도 그랬듯이 사람들도 대부분 자기만의 세상에서 살아가기에 굳이 찾아보지 않는 지식을 접하지 못하고 살아갈 것이 분명하기 때문이다. 나로 인해 조금이나마 잡스럽지만 감동을 주고 재미도 있는 지식을 조금이라도 얻기를 바라는 마음도 있기에 나는 되도록 많은 이야기를 해주고 싶다. 그래서 그 사람들도 세상을 다르게 보고 살아가는 방법이 있다는 걸 깨닫게 해주고 싶다. 그래서 세상엔 재미난 이야기도 많고 다양한 세상이 있다는 걸 알려주고 싶다. 뭐, 상대방이 원한다면 말이다.

번역가로서 일을 하다 보면 생각지도 못했던 이야기들을 마주칠 때가 있다. 평소 책이나 드라마나 영화 같은 콘텐츠를 즐겨보기는 하지만 그렇다 하더라도 아주 고르게 읽지는 못한다. 아무래도 좋아하는 것 위주로만 읽거나 보게 되는 것이 당연할 테다. 나도 좋아하는 것들만 찾아다니기에 관심사에 따라 지식이나 정보량이 달라진다. 그리고 나와 비슷한 사람들만 만나게 되고 비슷한 이야기만 하고 비슷한 상황만 마주치면서 사는 것도 마찬가지다.

그래서 다른 낯선 사람을 만나서 이야기를 할 때면 깜짝깜짝 놀랄 때가 많다. 어떻게 저런 것을 알고 있는 걸까? 어떻게 저렇게 생각할 수 있는 걸까? 그리고 다양한 관심사를 가진 사람들과 이야기하다 보면 내가 알고 있는 세상은 정말 일부분인 것처럼 느껴진다.

아마 번역을 하지 않았다면 여전히 나는 내 취향으로 가득 찬 내 세상 속에서 살고 있었을 거라 생각한다. 늘 내가 관심 있는 것만 보고 살아갈 테니까 말이다. 하지만 번역 일을 시작하고 난 뒤로 정말 다양한 읽을거리와 내용을 접하며 살아가고 있다. 그리고 단순히 후루룩 읽어내는 것이 아니라 문장을 번역해야 하므로 꼭꼭 씹으며 읽기 때문에 정말 나에게 전해지는 세상은 총천연색과도 같다. 어쩌면 저런 이야기가 있을 수 있을까 싶을 정도로 놀랍고 대단하고 재미난 이야기가 넘쳐난다. 사람들마다 관심사가 다르고, 하고 싶은 이야기가 다르고, 전달하고 싶은 게 다르다는 걸 매번 깨닫는다. 역시 이전의 나였다면 전혀 모르고 지냈을 이야기다.

최근에 어떤 온라인 강의 번역을 맡았다. 다양한 강사들이 나와서 다양한 주제로 아주 쉽고 재미나게 강의를 하고 있었다. 그리고 한 줄 한 줄 번역을 하면서 나도 학생들처럼 그 과목을 공부를 하게 되었다. 정말 한 글자 한 글자 또박또박 읽어가며 고민해가며 공부를 한 것이나 마찬가지다. 그래서 마치 그 강의를 듣는 학생이 된 것 같기도 하다.

이 강의 또한 내가 일부러 학교를 다니며 그 과목을 수강하지 않았다면 전혀 알 수 없는 내용이었을 것이다. 이 프로젝트를 하면서 다양한 잡지식이 쌓여갔다. 꼬박 공부를 해서 시험을 치더라도 꽤 성적을 받을 수 있을 정도라고 자부한다. 이제 미술관에 가더라도 현대 미술에 대해 나름 좀 아는 척을 할 수 있을 정도가 아닐까 생각한다. 이번 강의 프로젝트를 맡았기에 나는 덕분에 조금 더 똑똑해진 것 같기도 하다.

번역 일을 하며 따라오는 부가적인 즐거움이 바로 이것이라고 생각한다. 맡은 일에 따라 조금씩 지식이 쌓여가는 즐거움. 누가 보면 정말 쓸데없고 필요 없고 재미없는 지식일 수는 있지만, 나는 그런 잡다한 지식을 즐긴다. 조금이라도 더 많이 알게 되면 세상을 보는 눈도 달라지고 세상에 대해 생각하는 것도 달라진다. 원래의 나였다면 전혀 관심 없어서 알 수 없었거나 아니면 찾아보지 않아서 알 수 없었던 것들이다. 바로 번역을 하기 때문에 알 수 있는 것들이다.

힘든 글도 많다. 재미없는 글도 많고, 지루한 글도 많다. 하지만 반대로 정말 즐겁고 재미난 글도 많다. 무슨 글이든 간에 그런 글들로 나는 좀 더 배우고 좀 더 똑똑해진다. 내가 전혀 몰랐던 세상에 대해 알게 되는 즐거움. 꽤나 쏠쏠하다. 어쩌다 조금 힘든 글을 만나더라도 나에게 계속 이야기해 주려 한다. 이 글을 읽고 나면, 이 글을 곱씹고 고민하다 보면 내 안에 조금씩 쌓이게 될 거고, 그렇게 되면 나의 피와 살이 될 거라고, 그리고 그렇게 피와 살이 되면 내가 세상을 살아가는데 더 큰 즐거움과 행복을 줄 거라고. 내가 몰랐던 세상, 내가 몰랐던 말, 글, 표현, 몰랐던 지식. 그 모든 것을 조금씩 쌓아가는 것이다.

요즘 나는 내가 했던 작업 중에 정말 기억에 남거나 살아가는 데 있어서 큰 감상을 주는 것들에 대해 주변에 이야기해 주고 있다. 내 속에 조금씩 쌓여서 정제되고 소화되어 나의 것이 된 지식들이다. 그런 지식으로 얻은 감동을 나만 갖는 것이 아니라 남에게도 전달해 주고 싶다. 나도 그랬듯이 사람들도 대부분 자기만의 세상에서 살아가기에 굳이 찾아보지 않는 지식을 접하지 못하고 살아갈 것이 분명하기 때문이다. 나로 인해 조금이나마 잡스럽지만 감동을 주고 재미도 있는 지식을 조금이라도 얻기를 바라는 마음도 있기에 나는 되도록 많은 이야기를 해주고 싶다. 그래서 그 사람들도 세상을 다르게 보고 살아가는 방법이 있다는 걸 깨닫게 해주고 싶다. 그래서 세상엔 재미난 이야기도 많고 다양한 세상이 있다는 걸 알려주고 싶다. 뭐, 상대방이 원한다면 말이다.

어쨌든 나는 오늘도 일을 한다. 그리고 나는 새로운 글과 새로운 이야기를 만나러 간다.

현소연
현역 번역가

단행본 집필진

김연경(영)

김연경(일)

이준서

김재연

송정화

윤재원

김선우

송영범

유미주

이강선

김형범

서지음

이종욱

현소연

임영웅